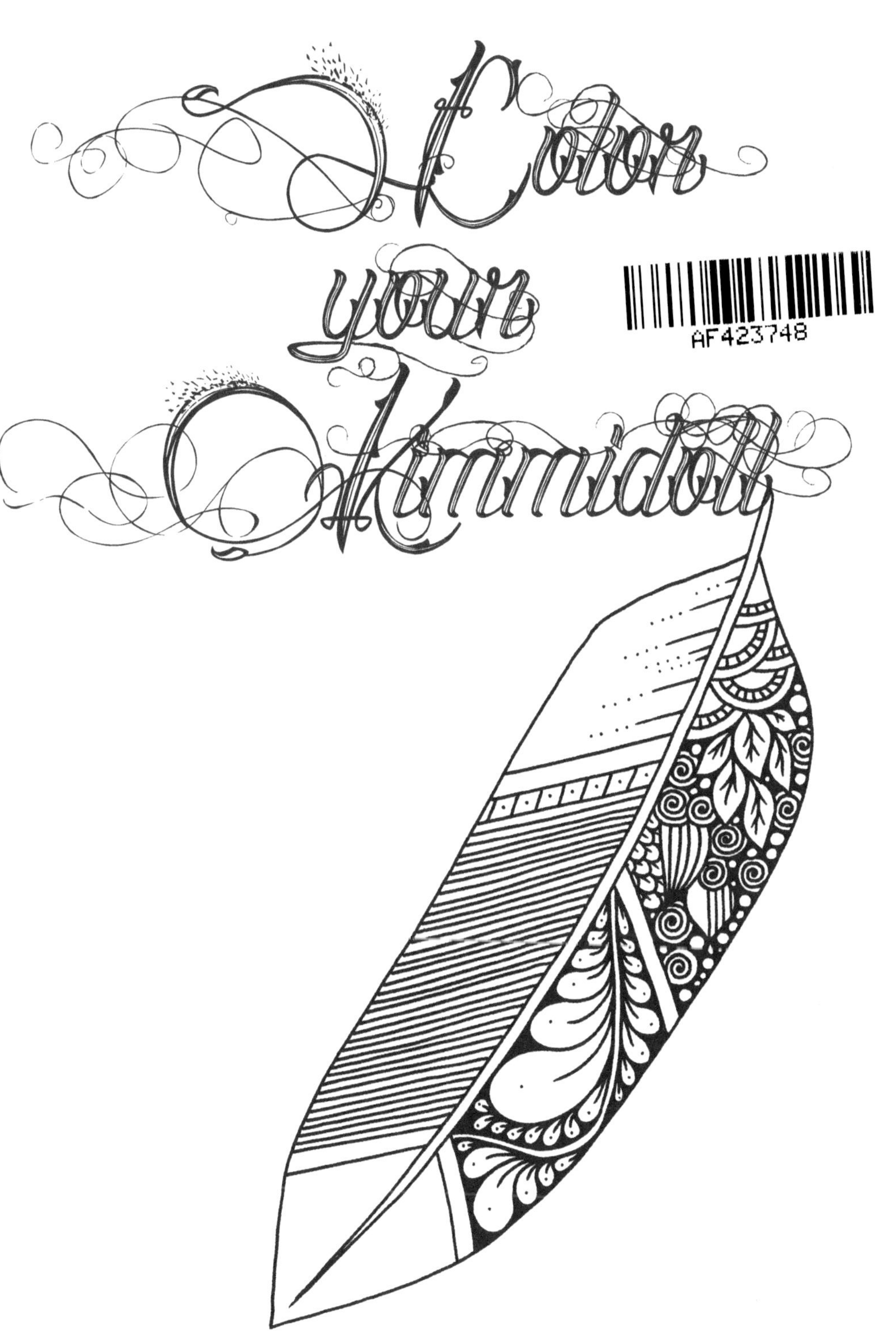
Color
your
Kinmidoll
AF423748
Maud Feral Chauveau

Maud FERAL CHAUVEAU - (MFC)

Color your Kimmidoll

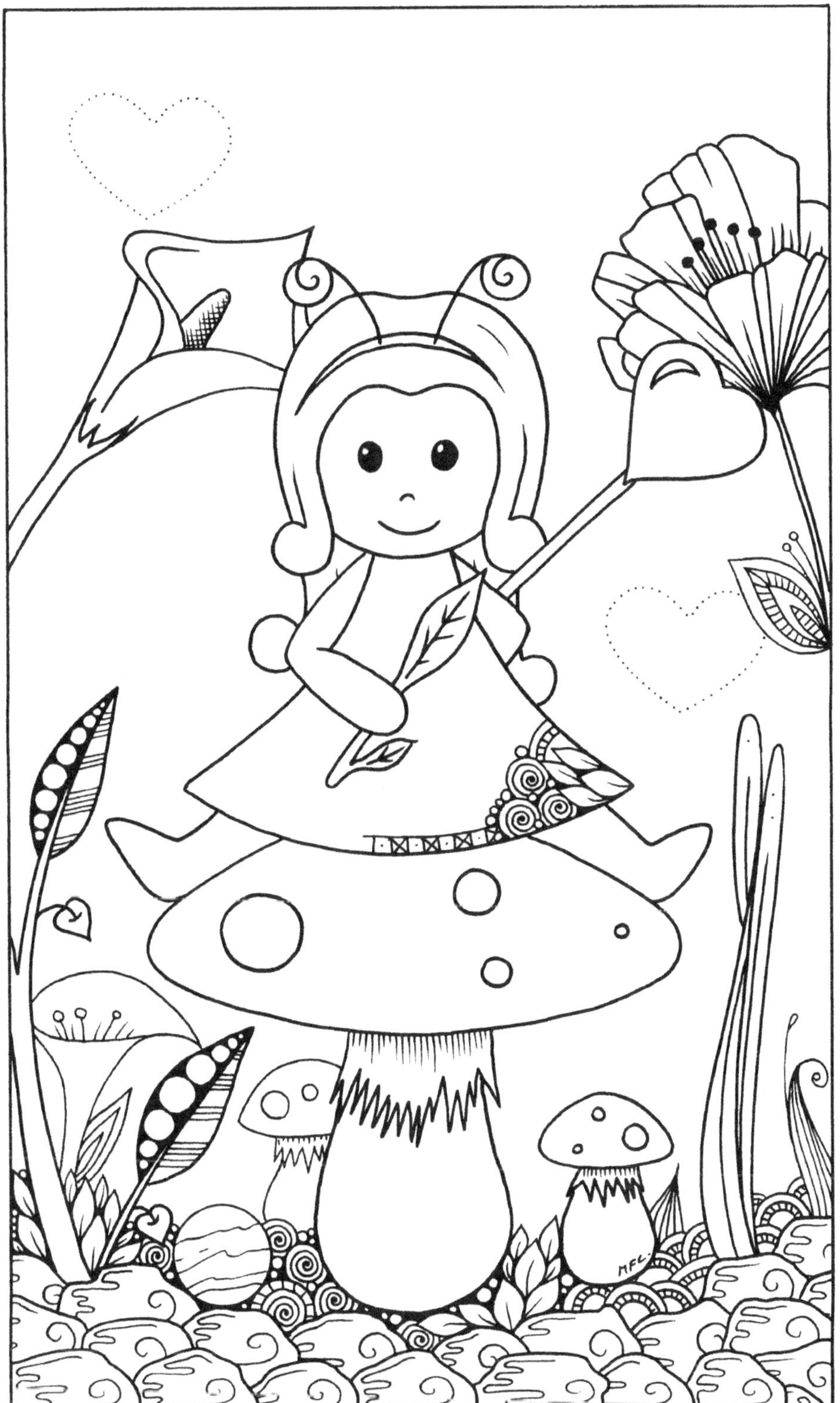

Maud FERAL CHAUVEAU - (MFC)

Color your Kimmidoll

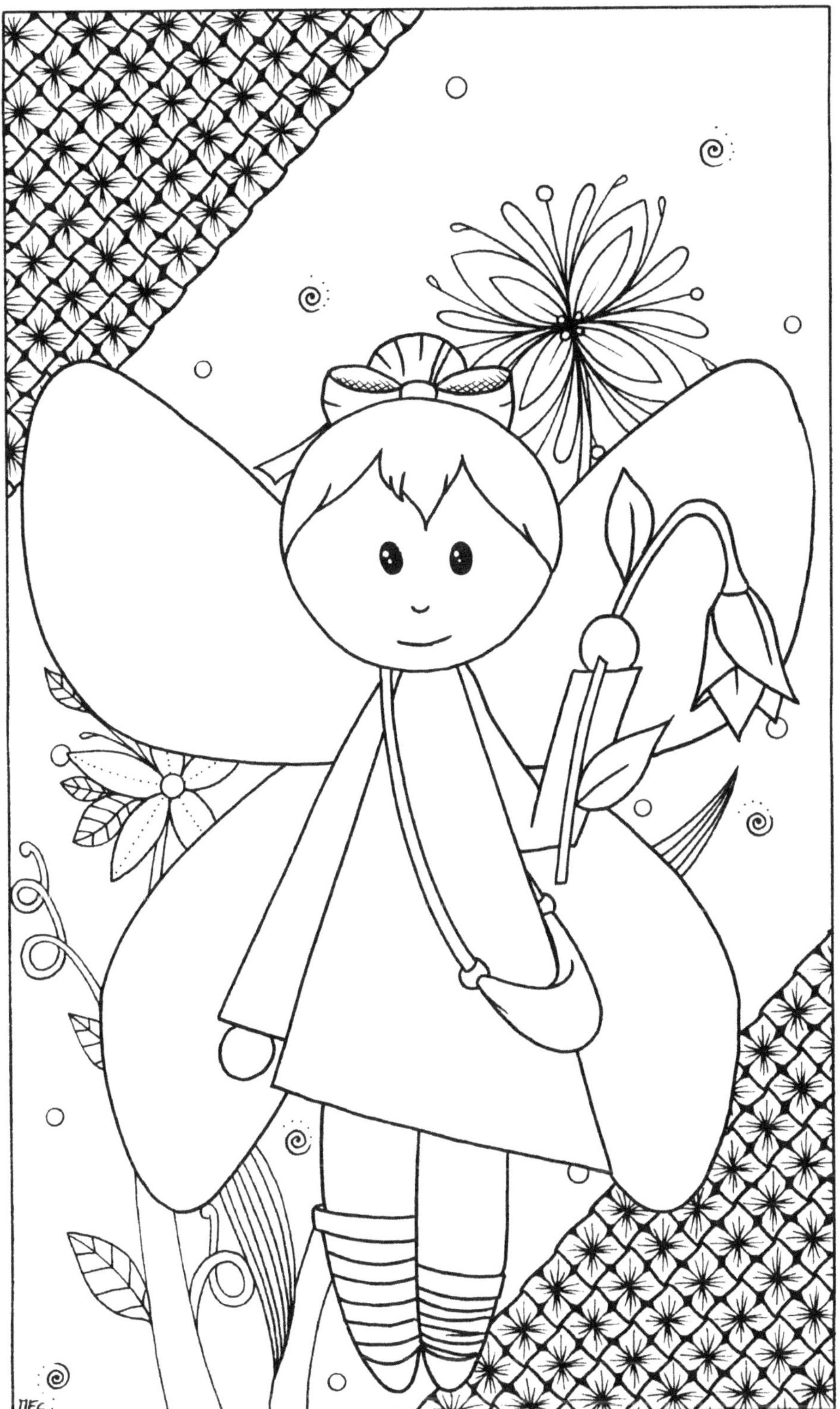

Maud FERAL CHAUVEAU - (MFC)

Color your Kimmidoll

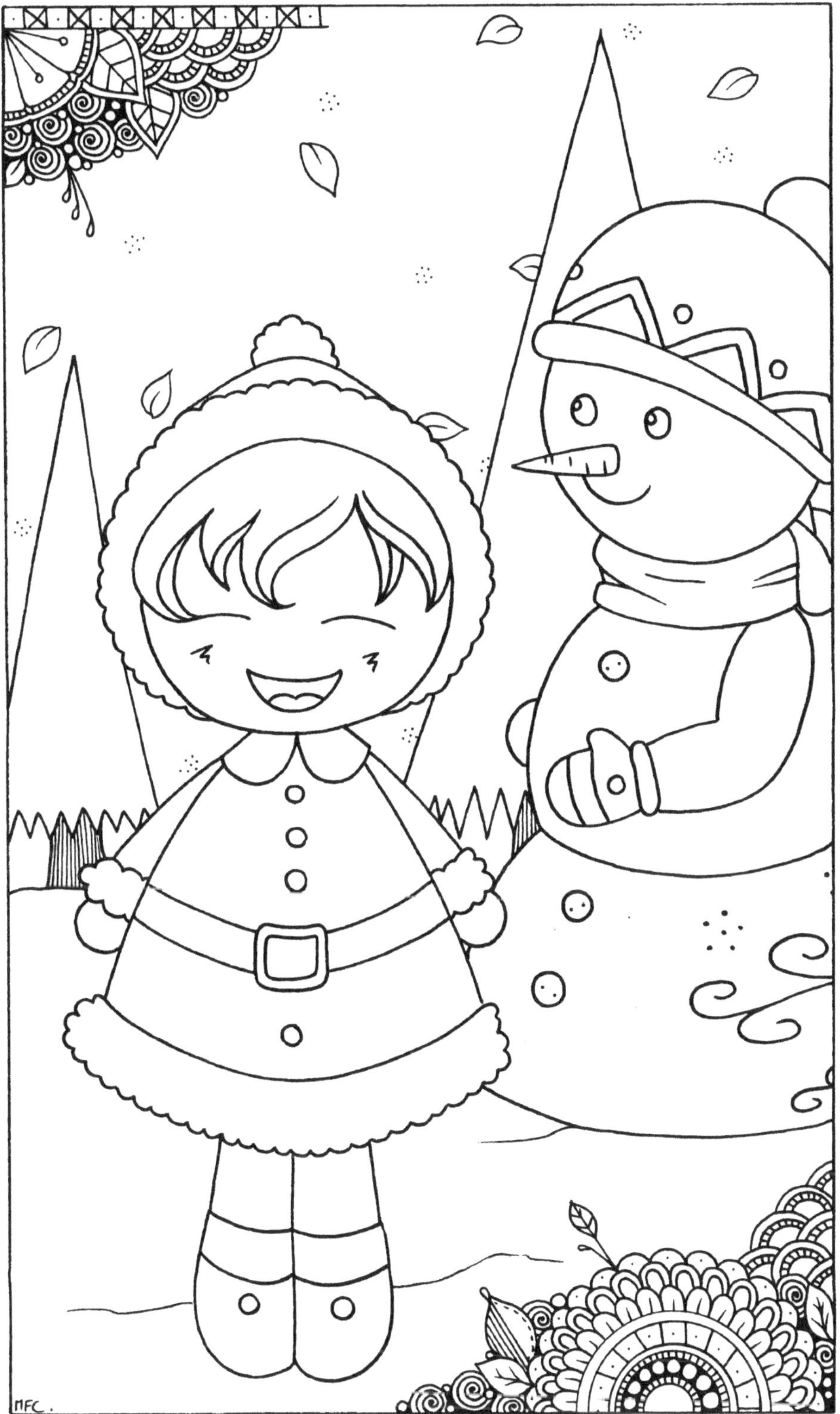

Maud FERAL CHAUVEAU - (MFC)

Color your Kimmidoll

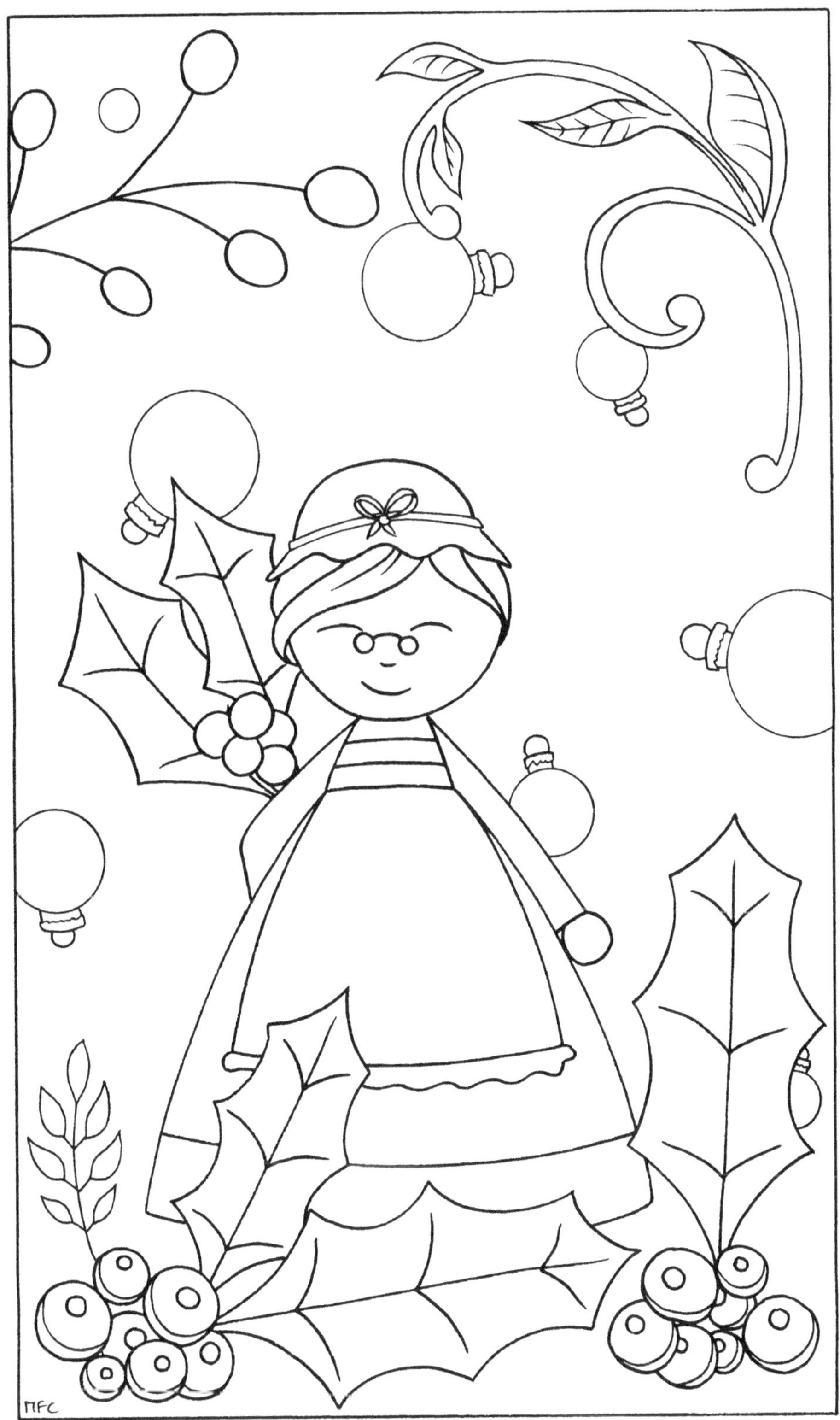

Maud FERAL CHAUVEAU - (MFC)

Color your Kimmidoll

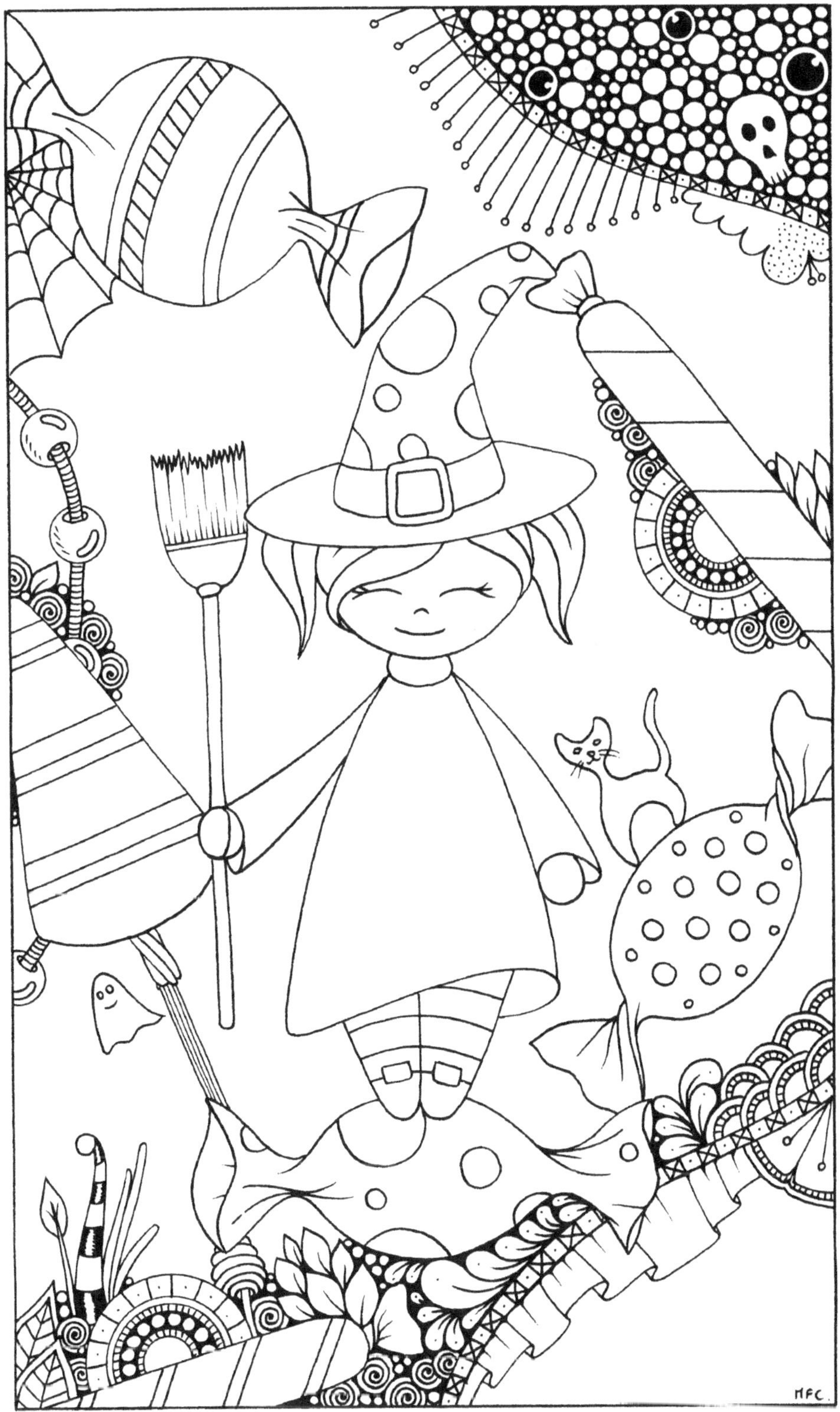

Maud FERAL CHAUVEAU - (MFC)

Color your Kimmidoll

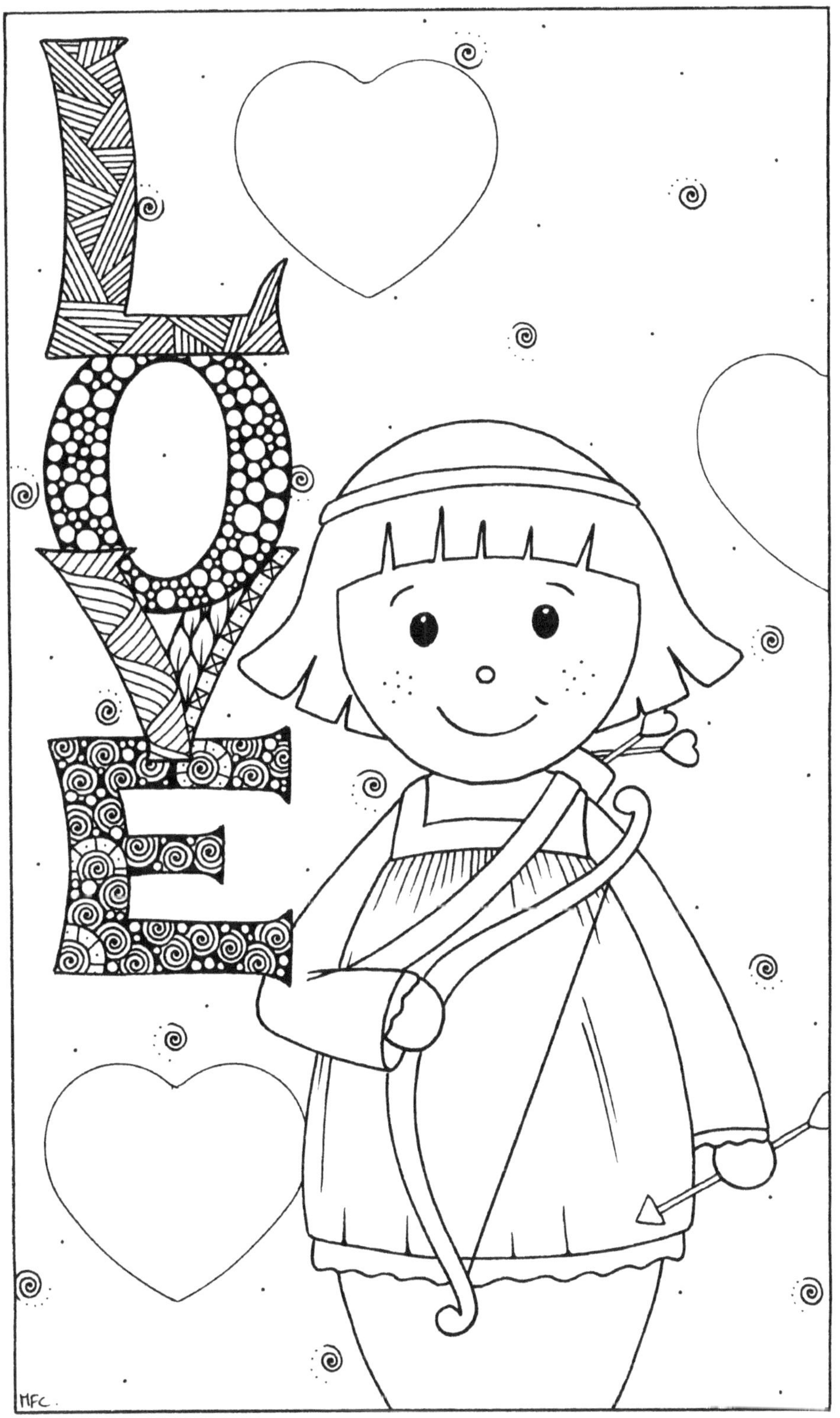

LOVE
MFC

Maud FERAL CHAUVEAU - (MFC)

Color your Kimmidoll

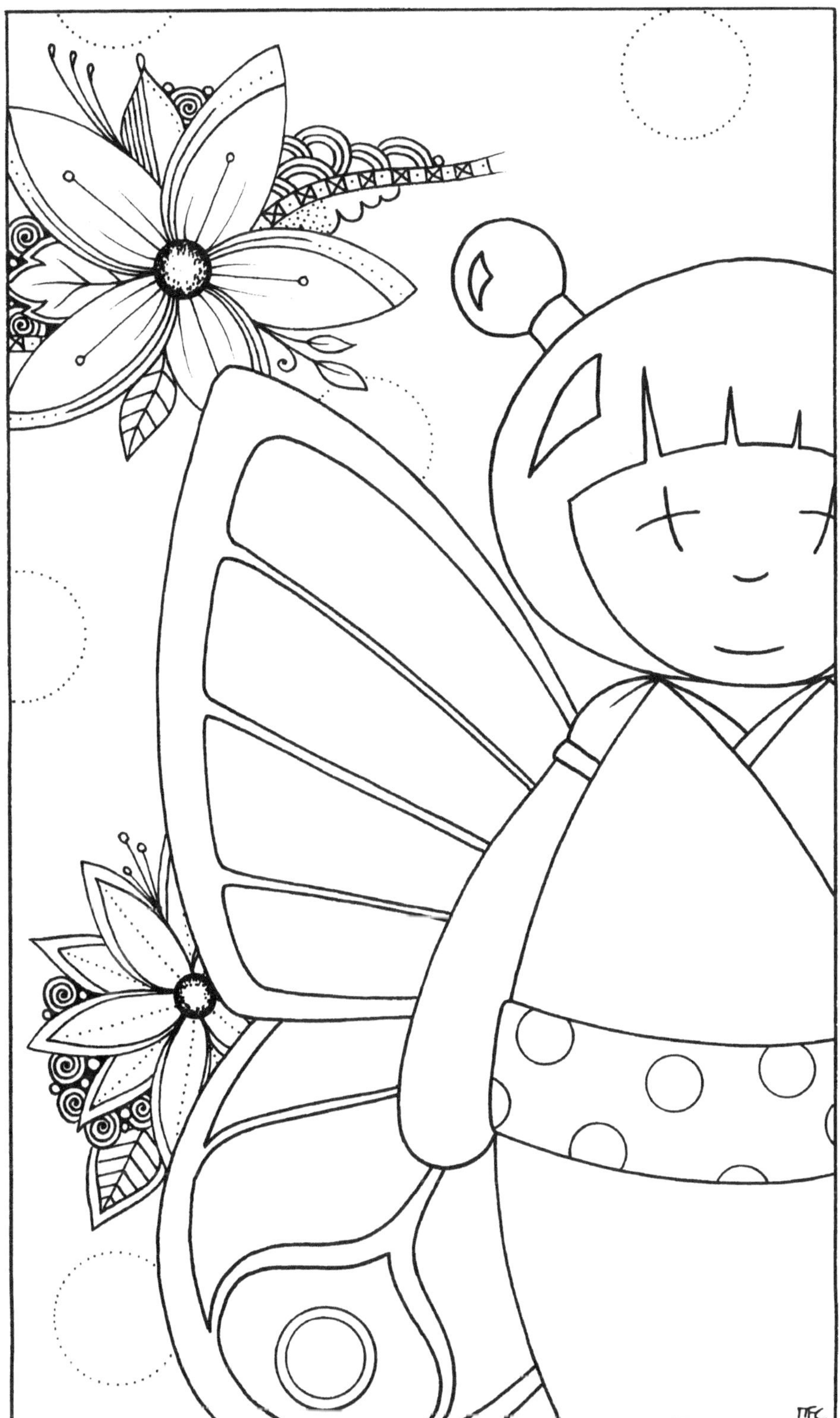

Maud FERAL CHAUVEAU - (MFC)

Color your Kimmidoll

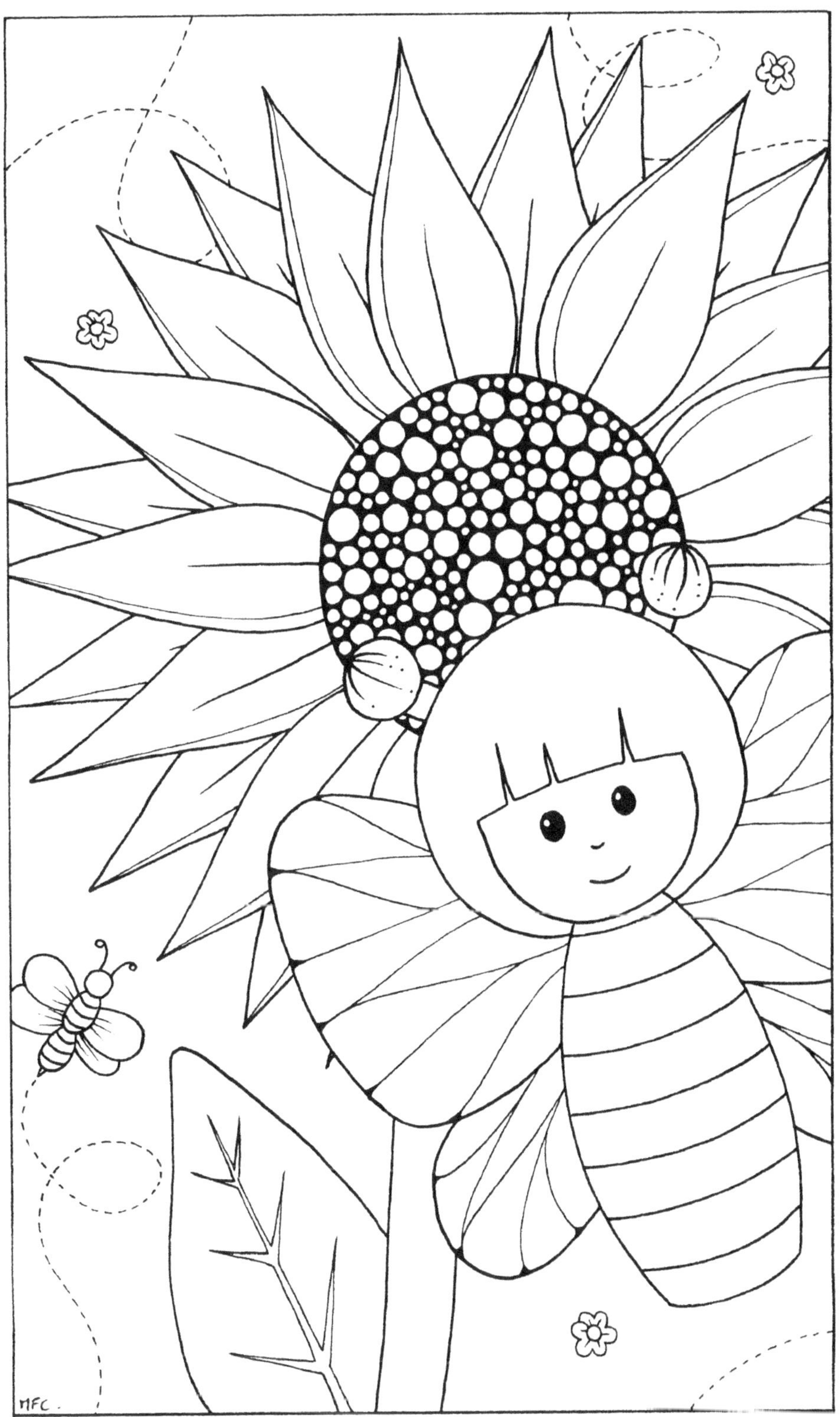

Maud FERAL CHAUVEAU - (MFC)

Color your Kimmidoll

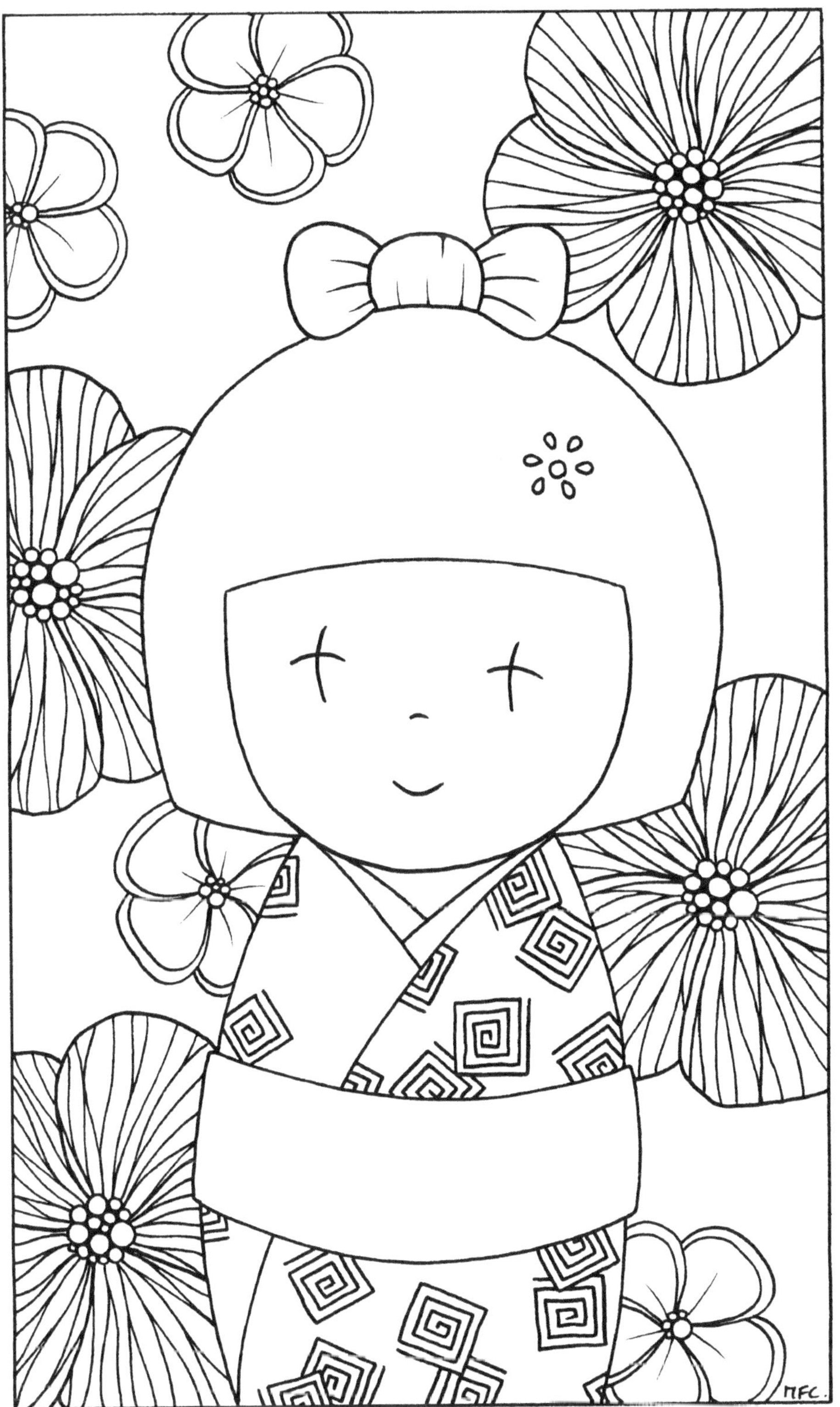

Maud FERAL CHAUVEAU - (MFC)

Color your Kimmidoll

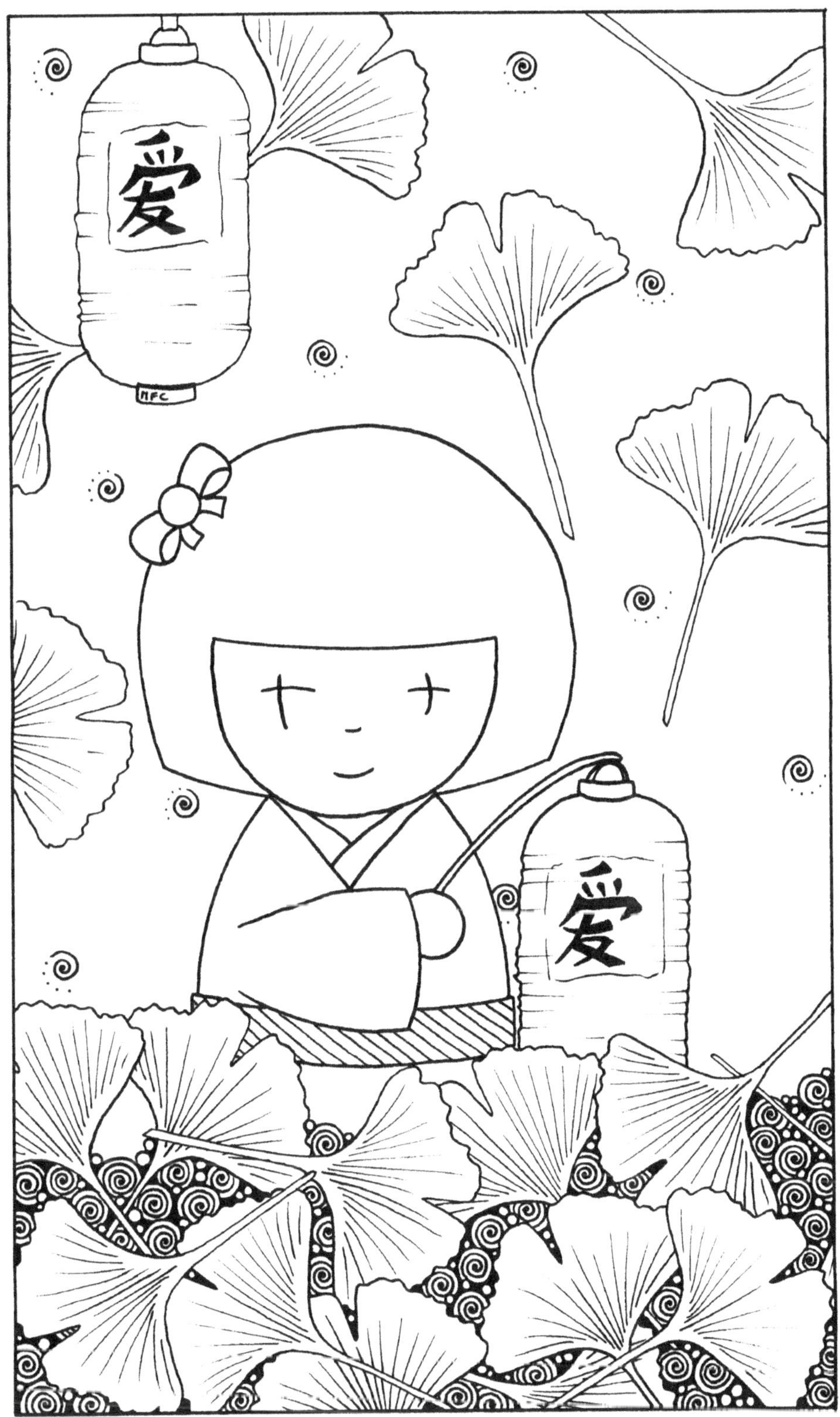
愛
愛
NFC

Maud FERAL CHAUVEAU - (MFC)

Color your Kimmidoll

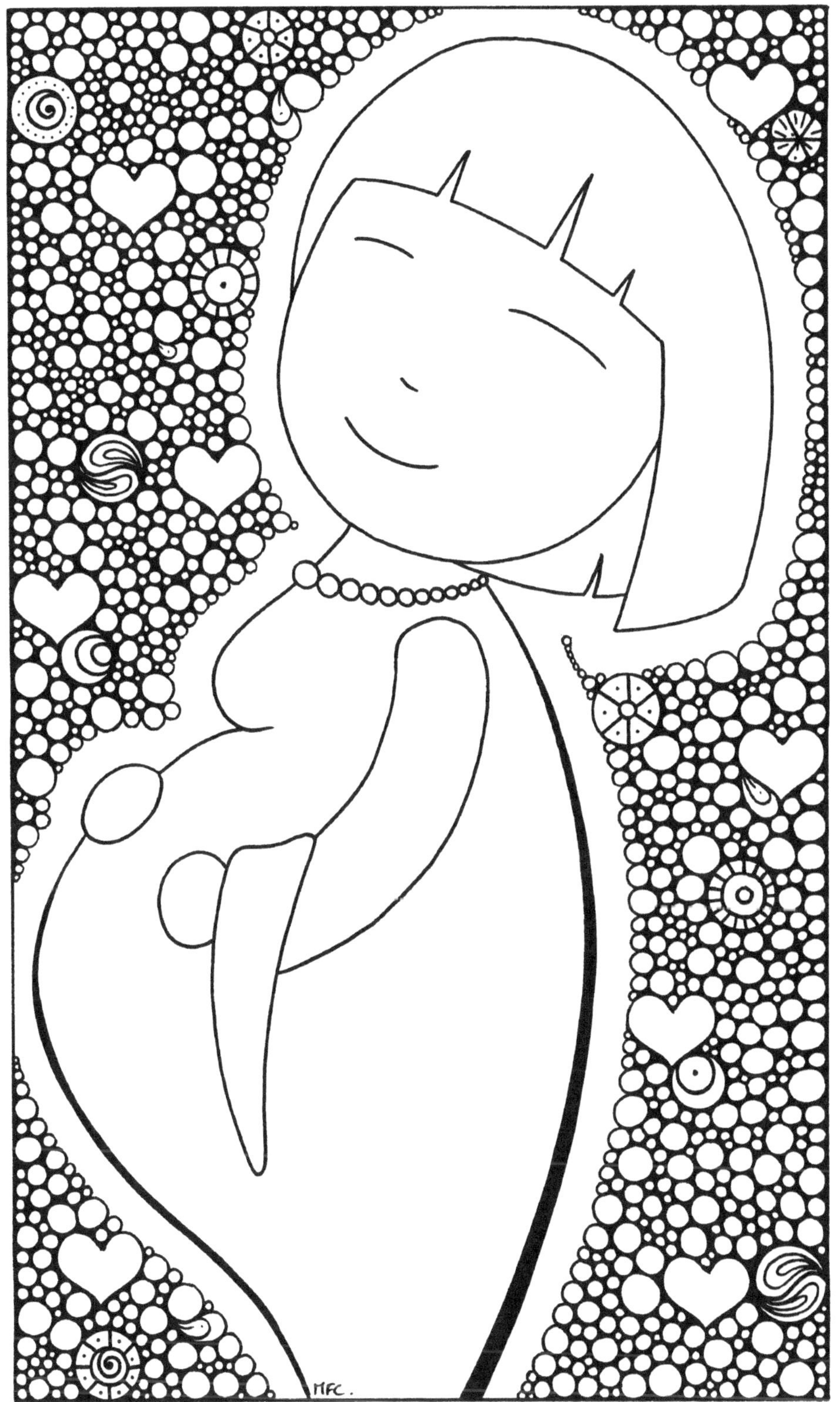

Maud FERAL CHAUVEAU - (MFC)

Color your Kimmidoll

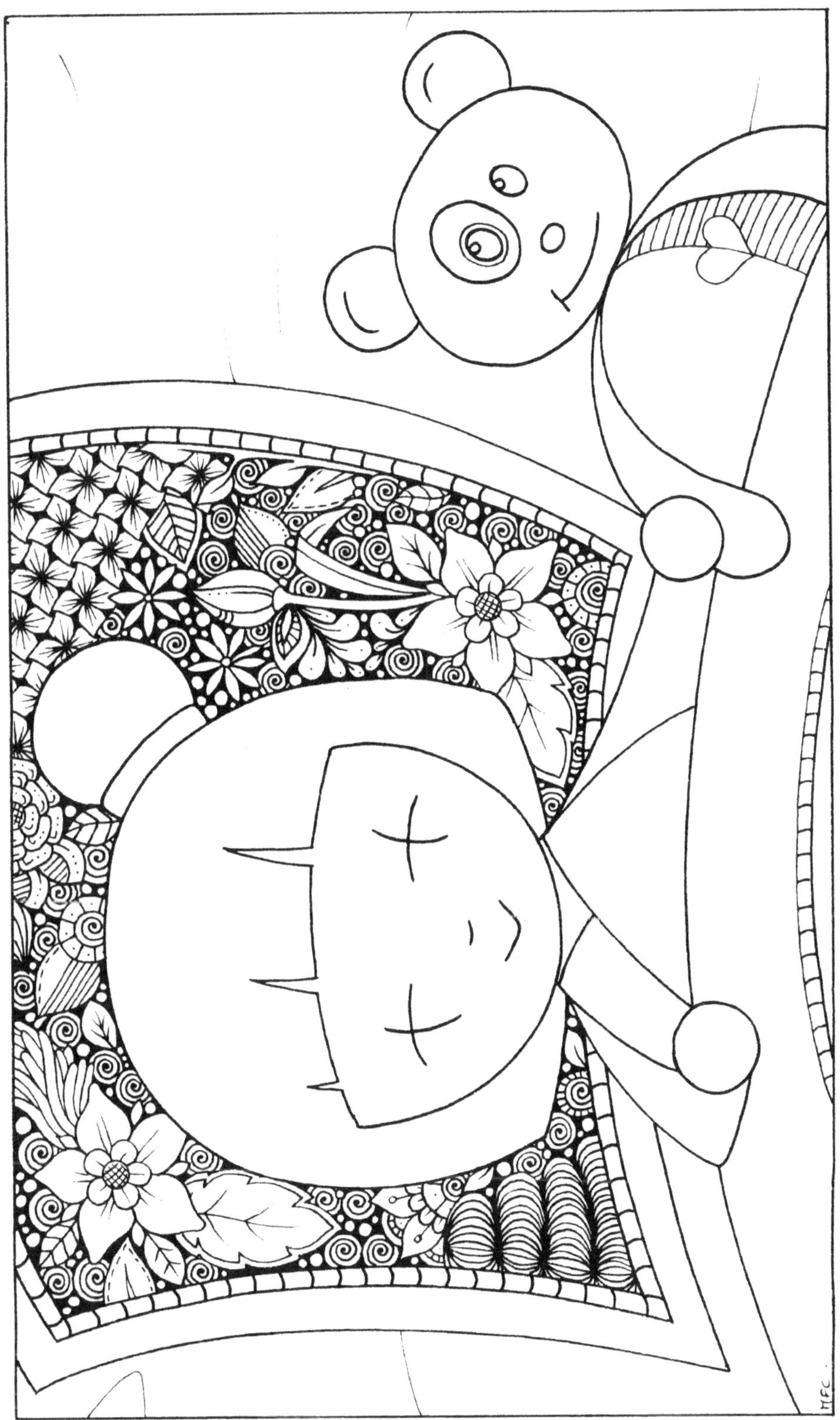

Maud FERAL CHAUVEAU - (MFC)

Color your Kimmidoll

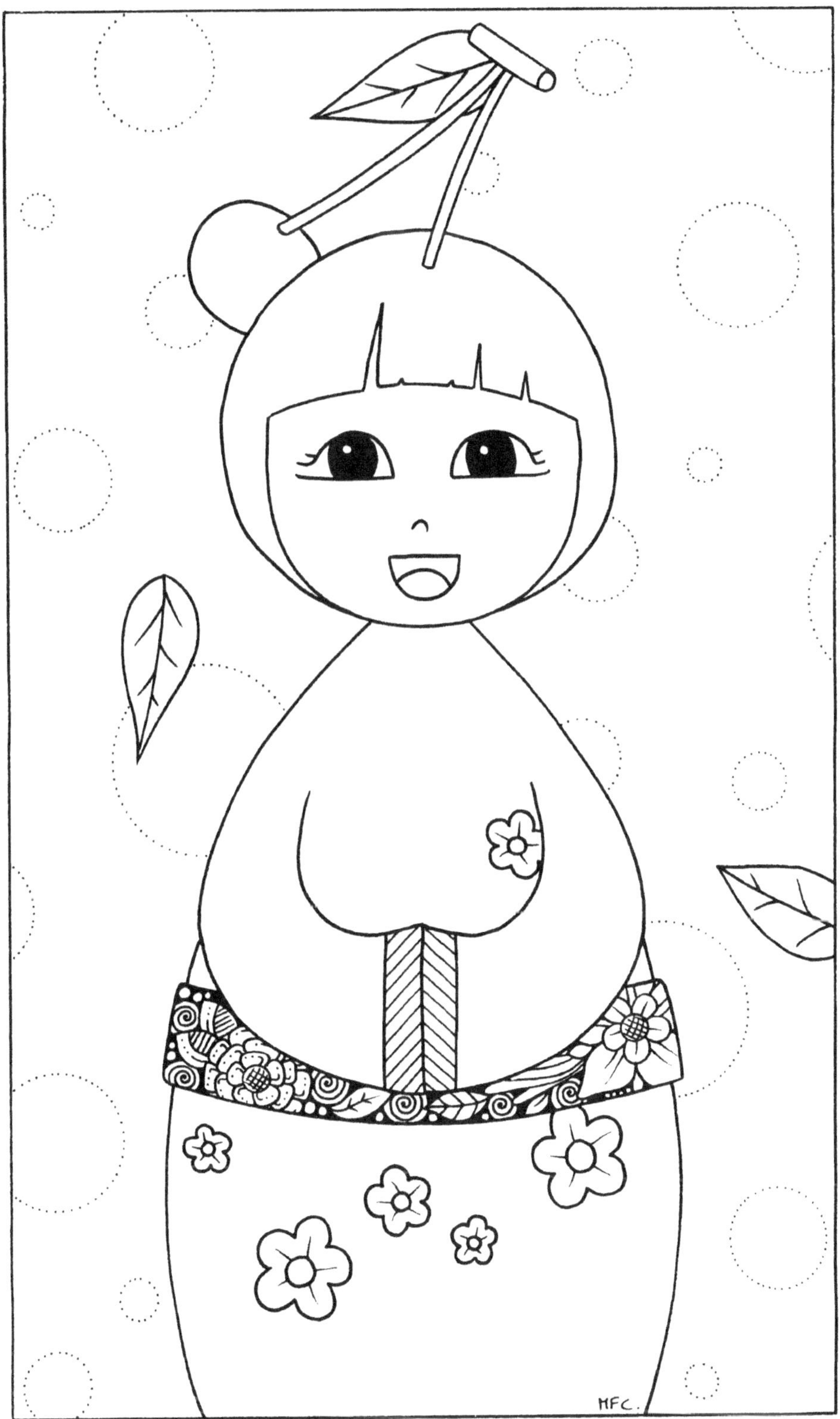
MFC.

Maud FERAL CHAUVEAU - (MFC)

Color your Kimmidoll

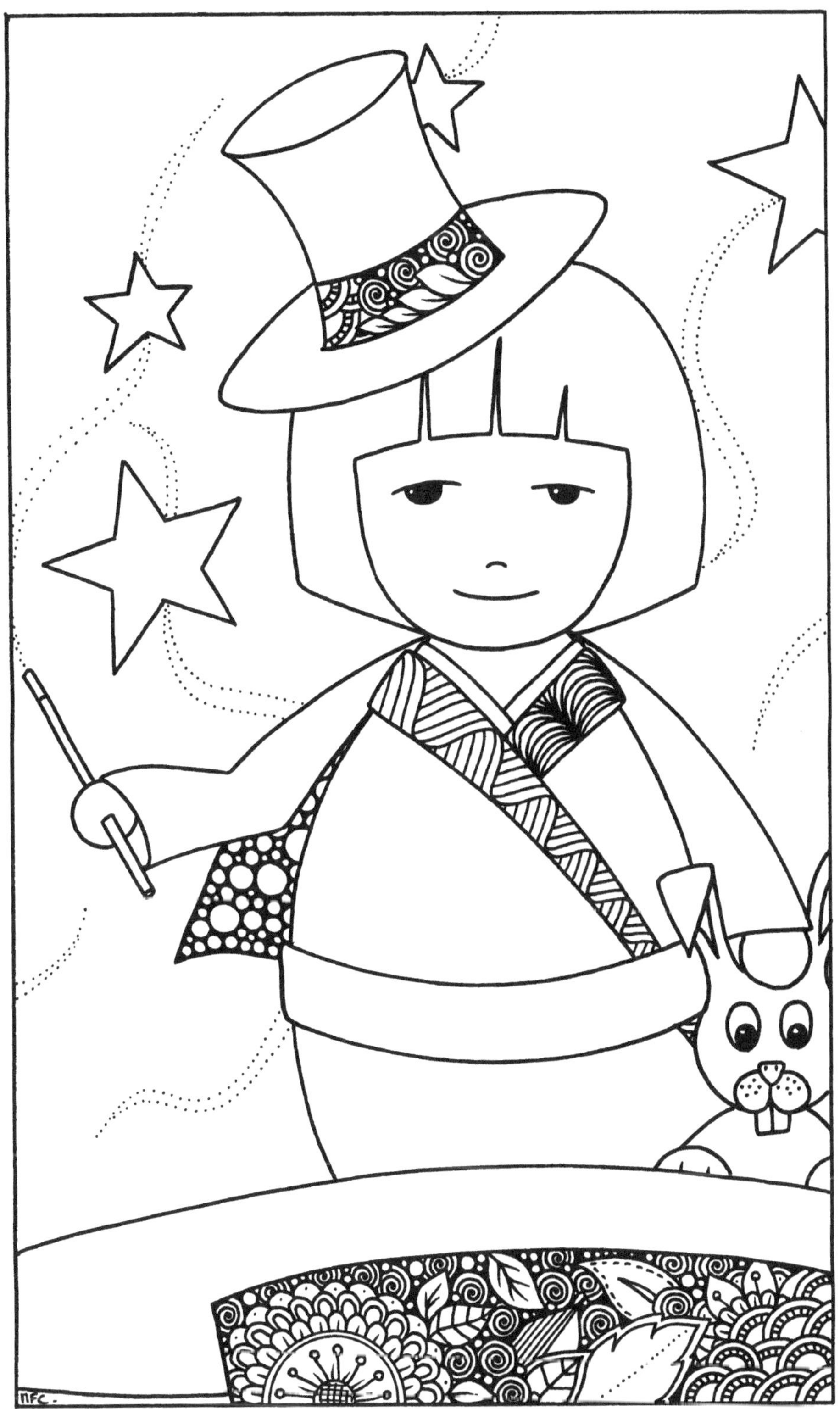

Maud FERAL CHAUVEAU - (MFC)

Color your Kimmidoll

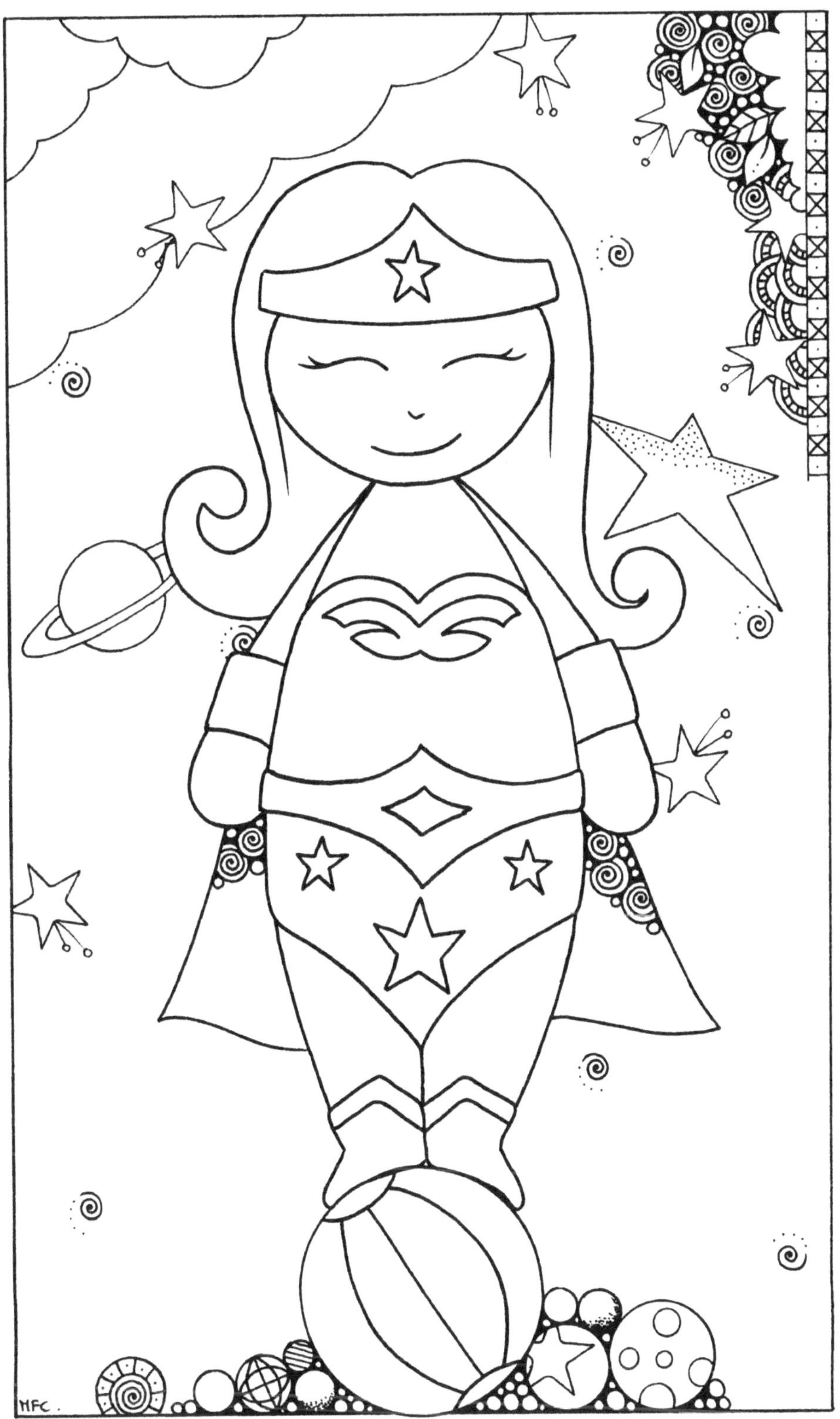

Maud FERAL CHAUVEAU - (MFC)

Color your Kimmidoll

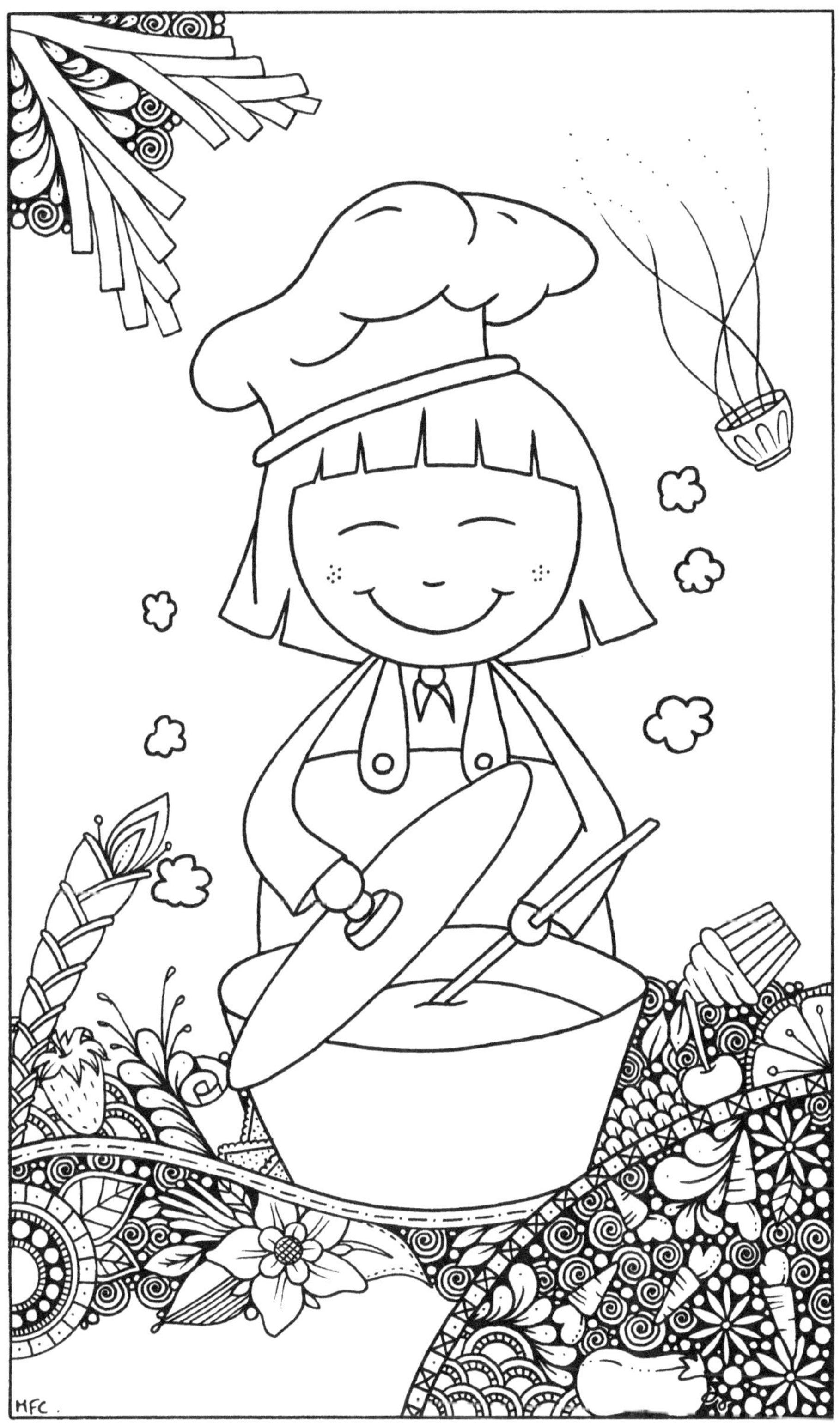

Maud FERAL CHAUVEAU - (MFC)

Color your Kimmidoll

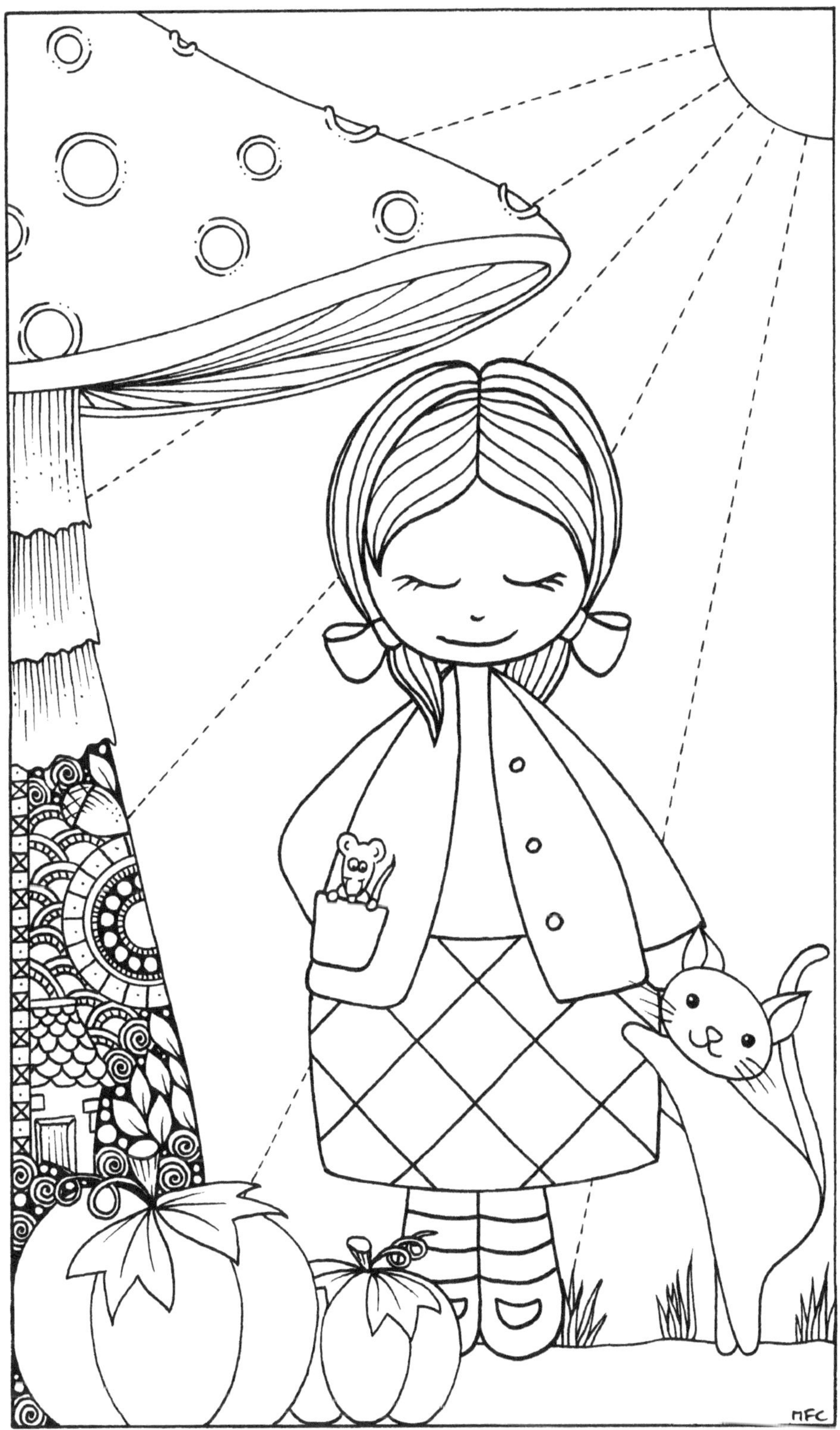

Maud FERAL CHAUVEAU - (MFC)

Color your Kimmidoll

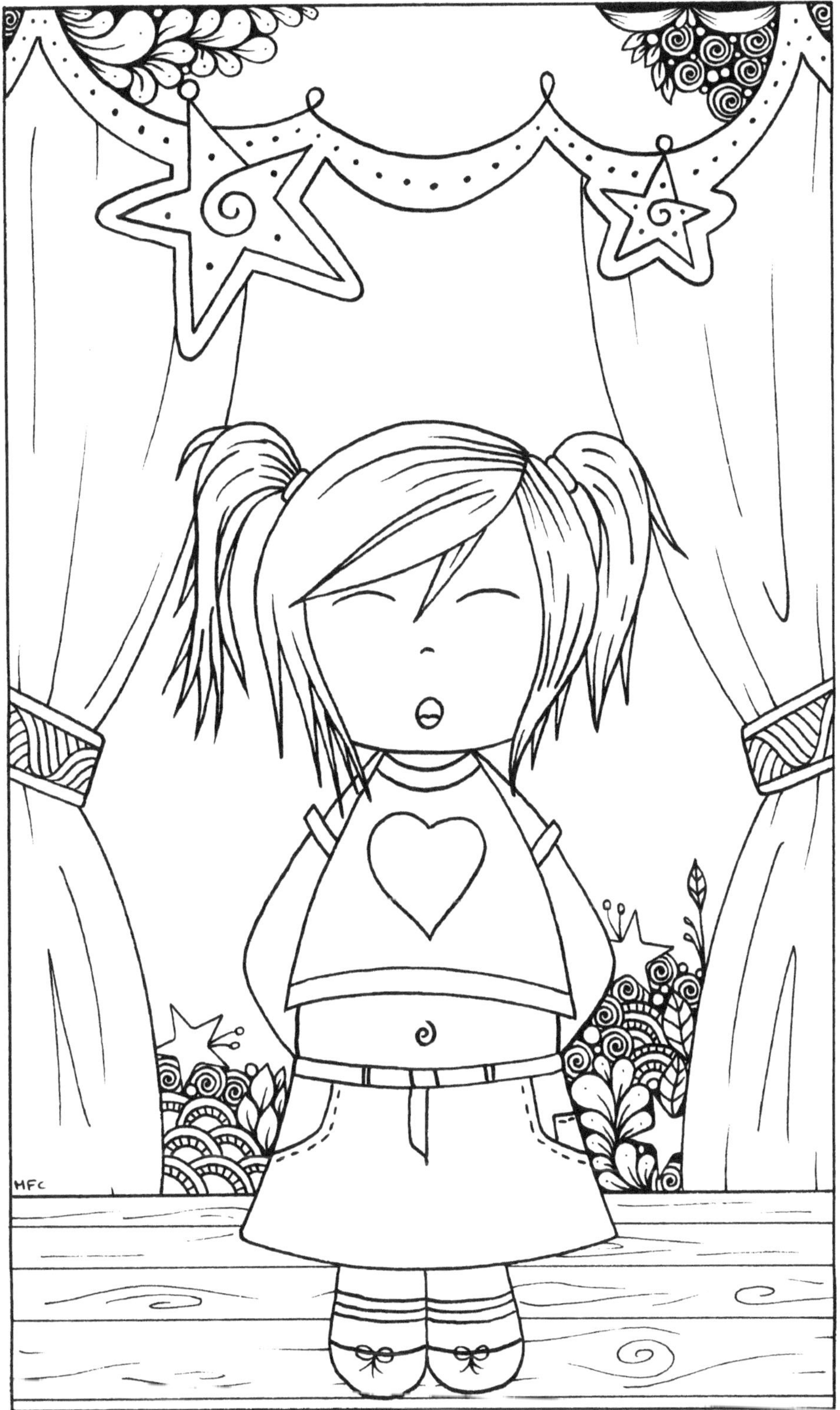

Maud FERAL CHAUVEAU - (MFC)

Color your Kimmidoll

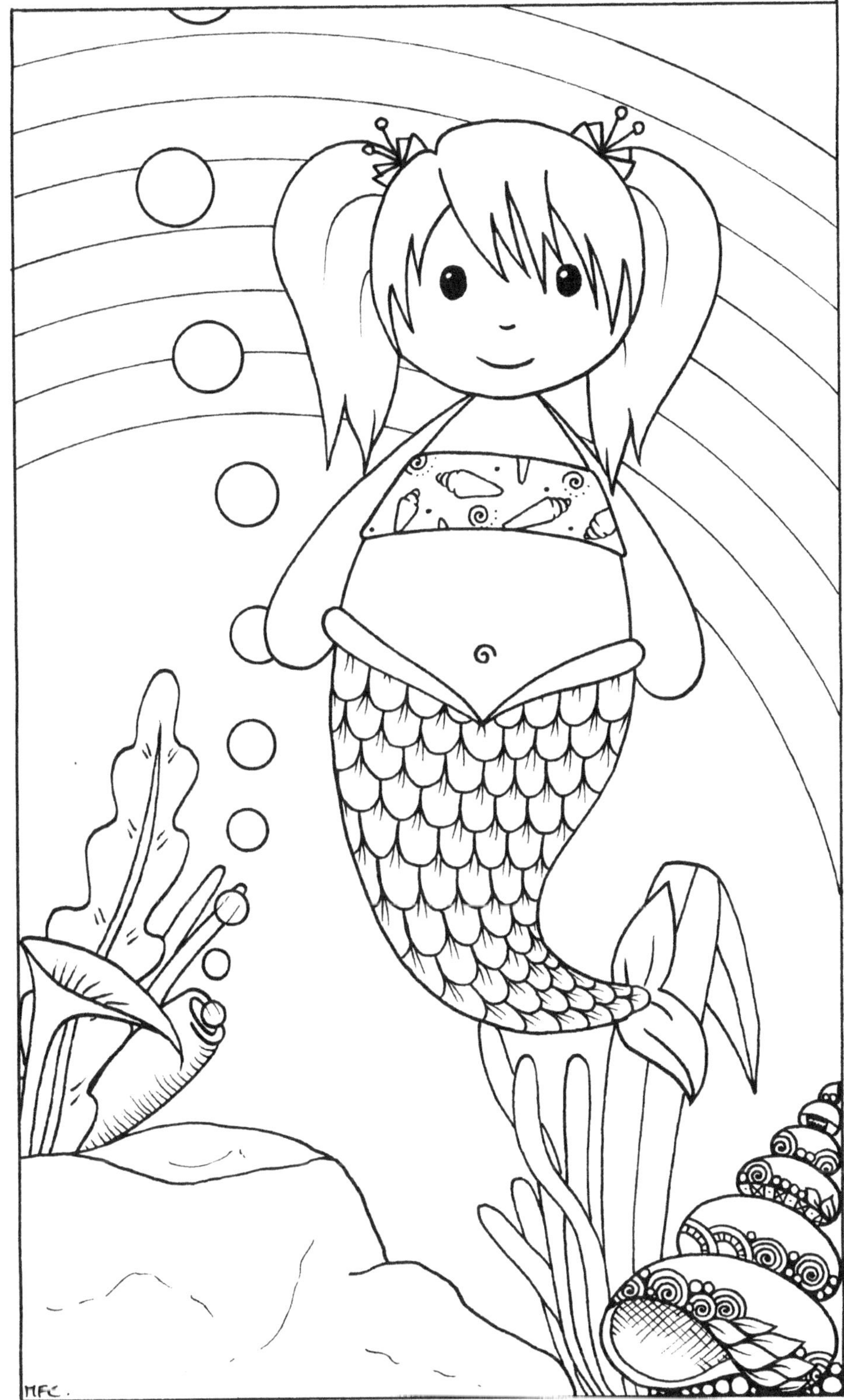

MFC.

Maud FERAL CHAUVEAU - (MFC)

Color your Kimmidoll

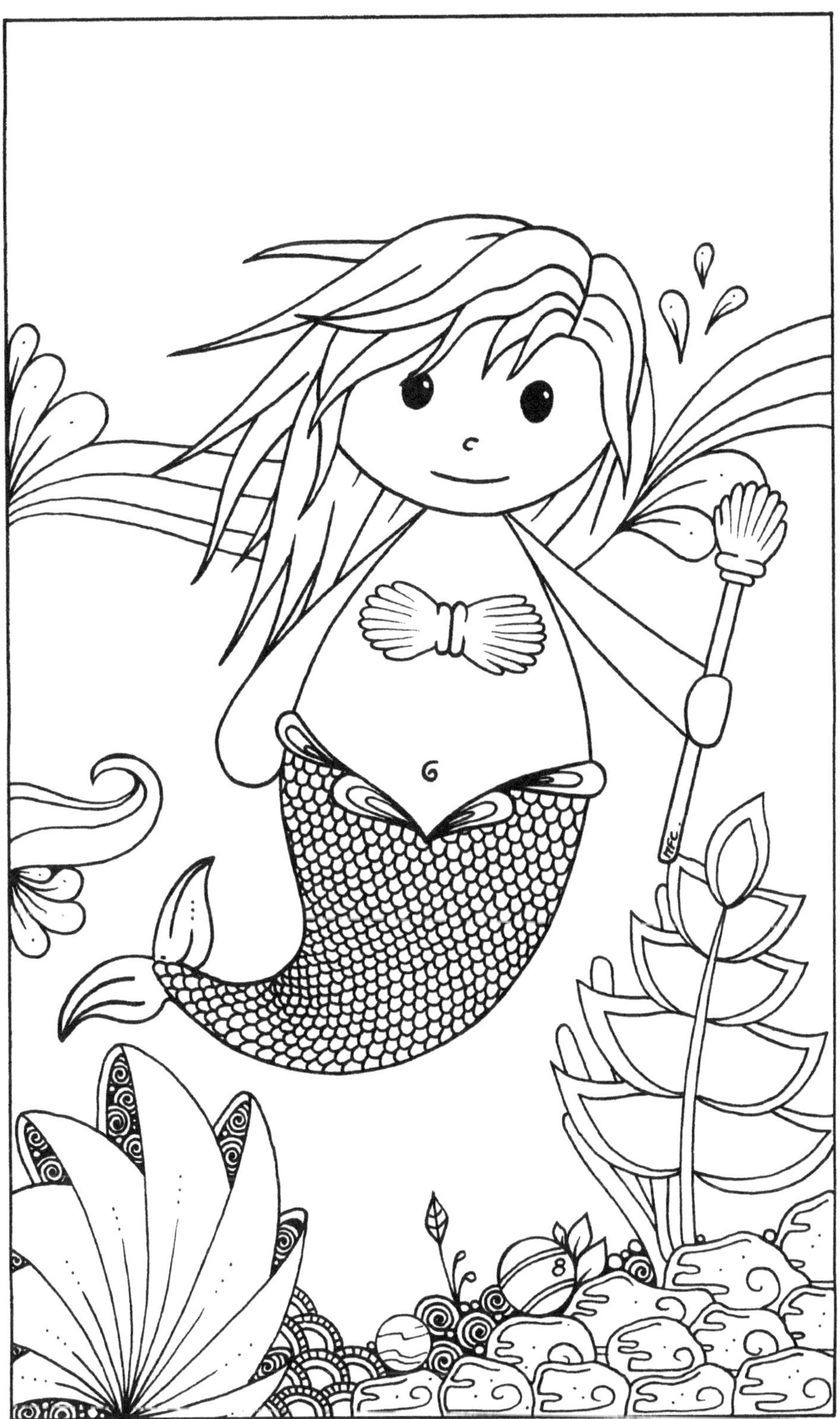

Maud FERAL CHAUVEAU - (MFC)

Color your Kimmidoll

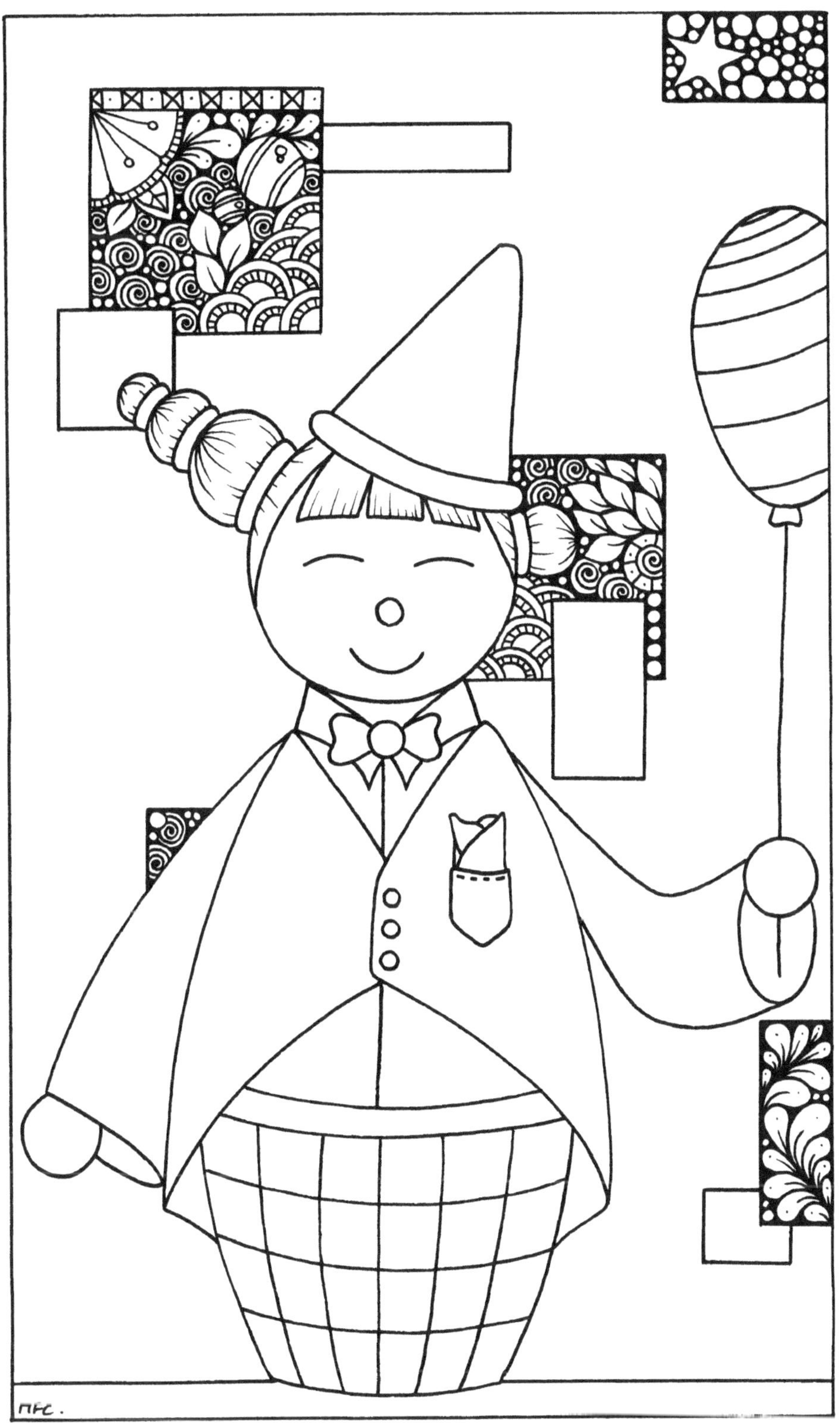

Maud FERAL CHAUVEAU - (MFC)

Color your Kimmidoll

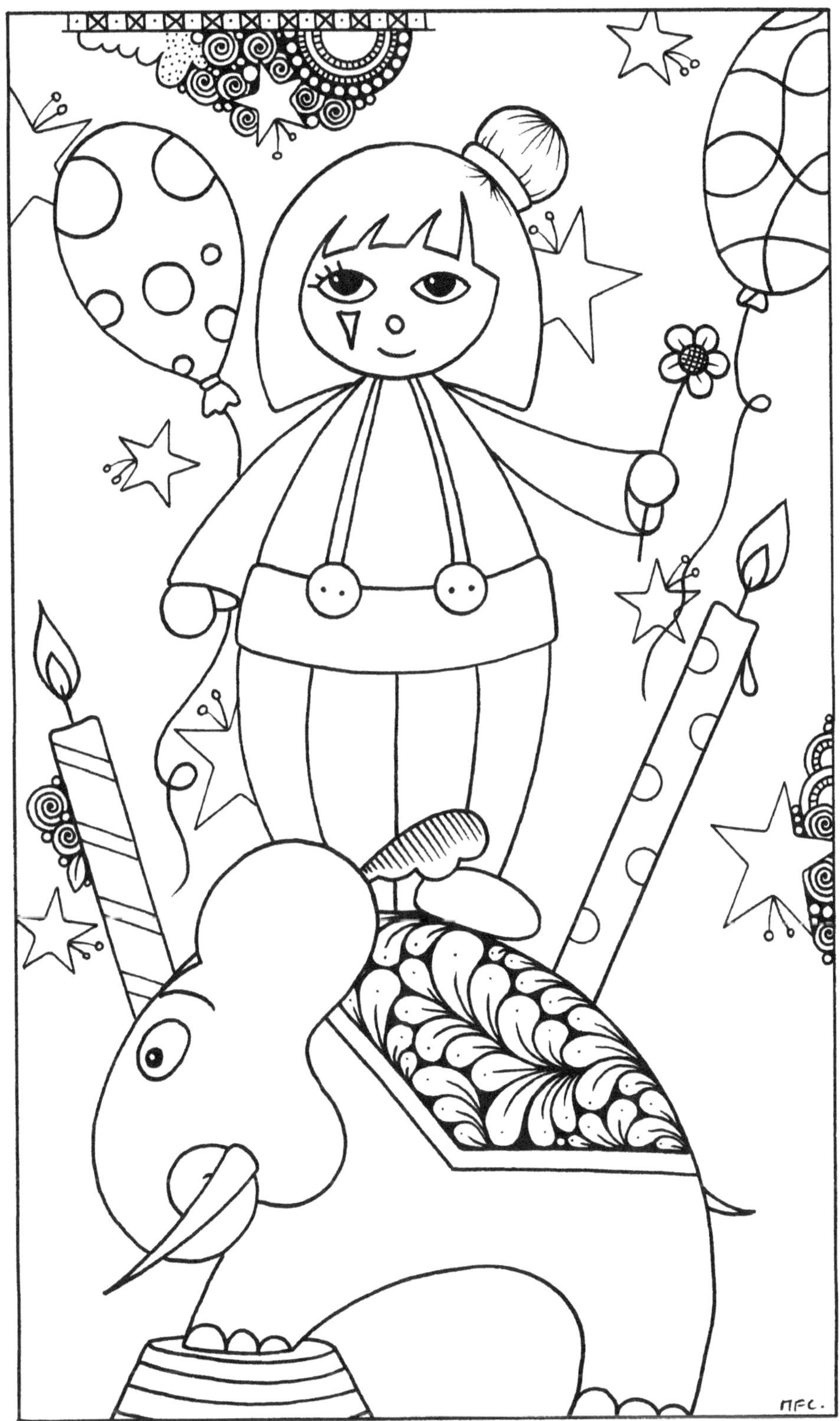

Maud FERAL CHAUVEAU - (MFC)

Color your Kimmidoll

Color your Kimmidoll

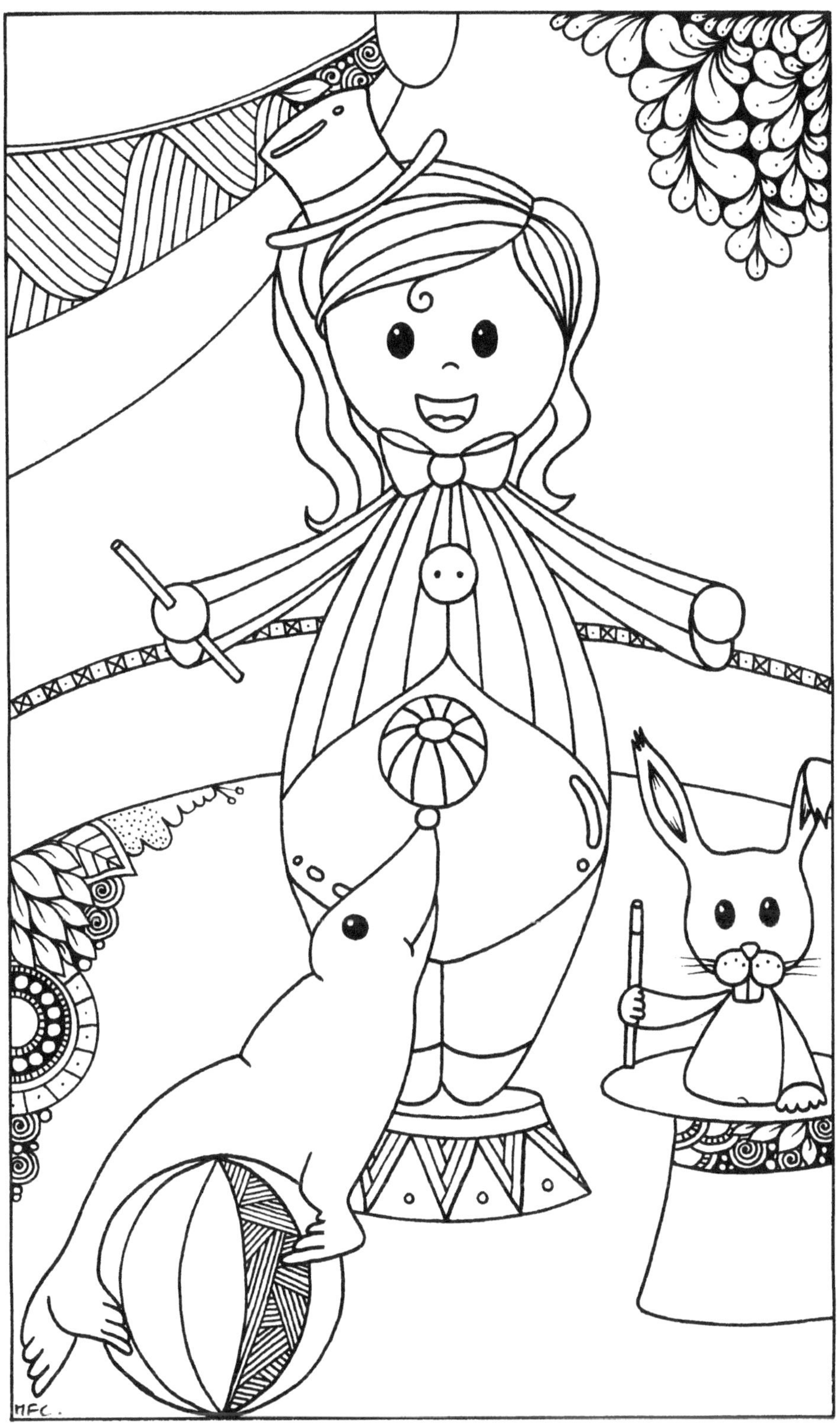

Maud FERAL CHAUVEAU - (MFC)

Color your Kimmidoll

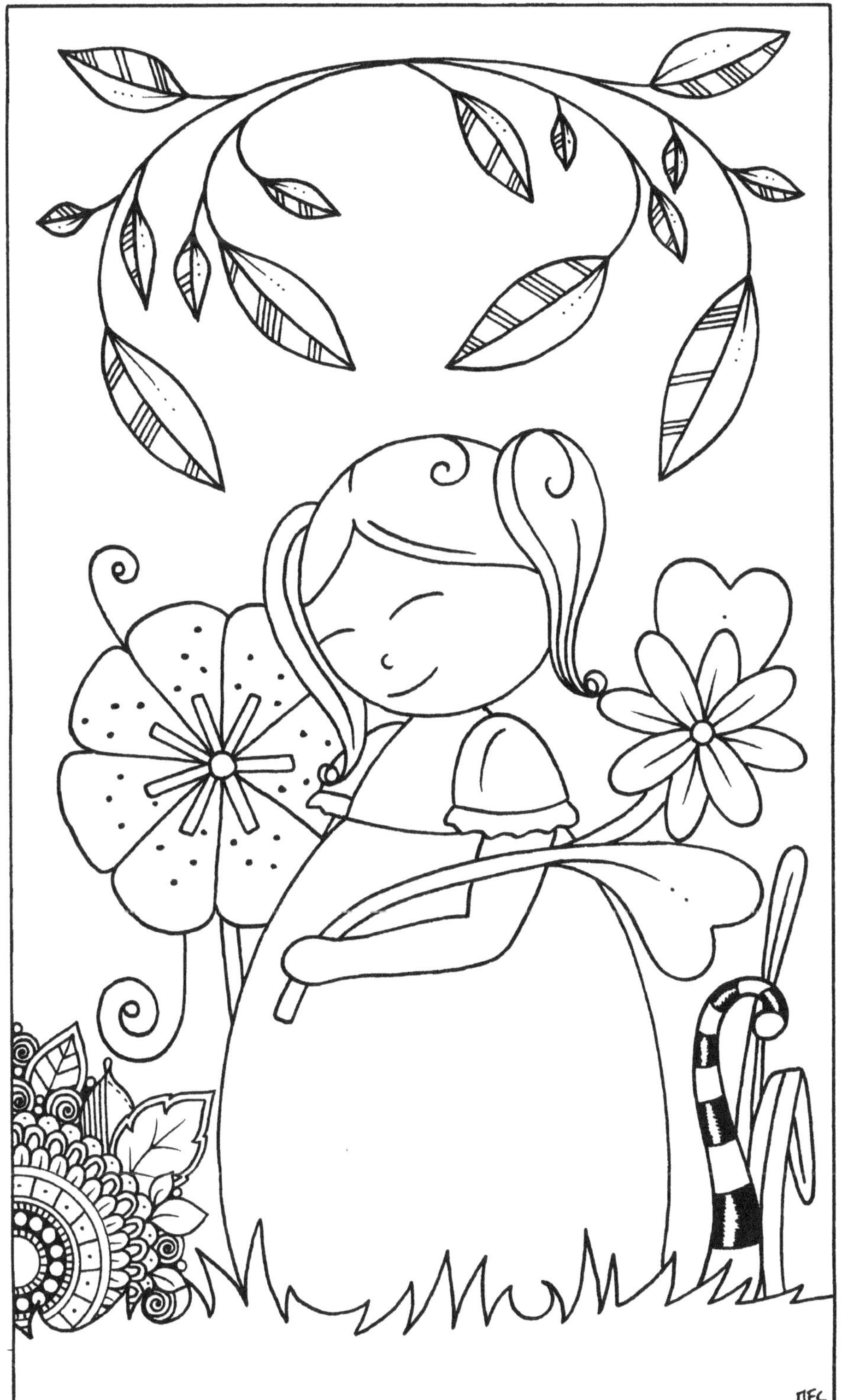

Maud FERAL CHAUVEAU - (MFC)

Color your Kimmidoll

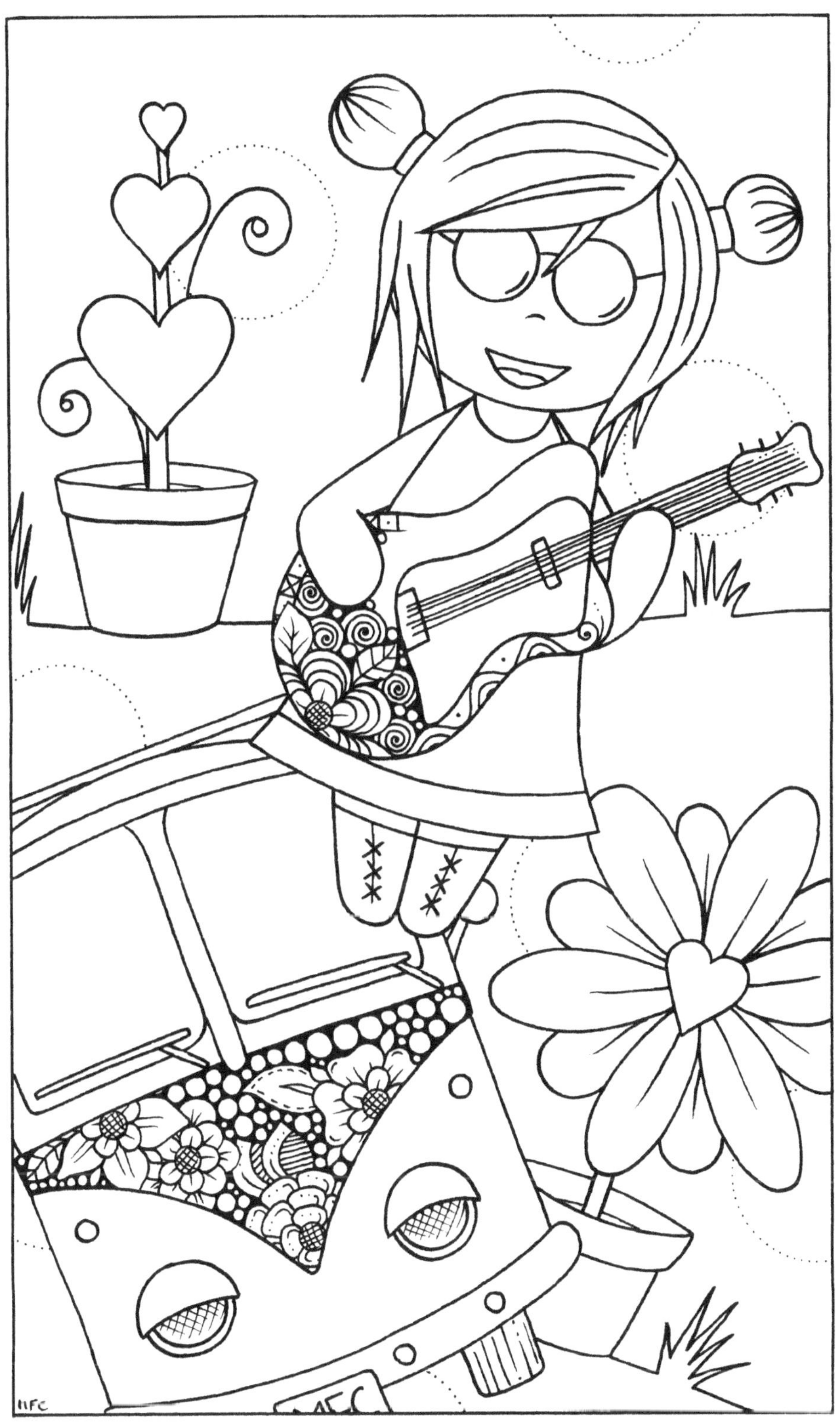

Maud FERAL CHAUVEAU - (MFC)

Color your Kimmidoll

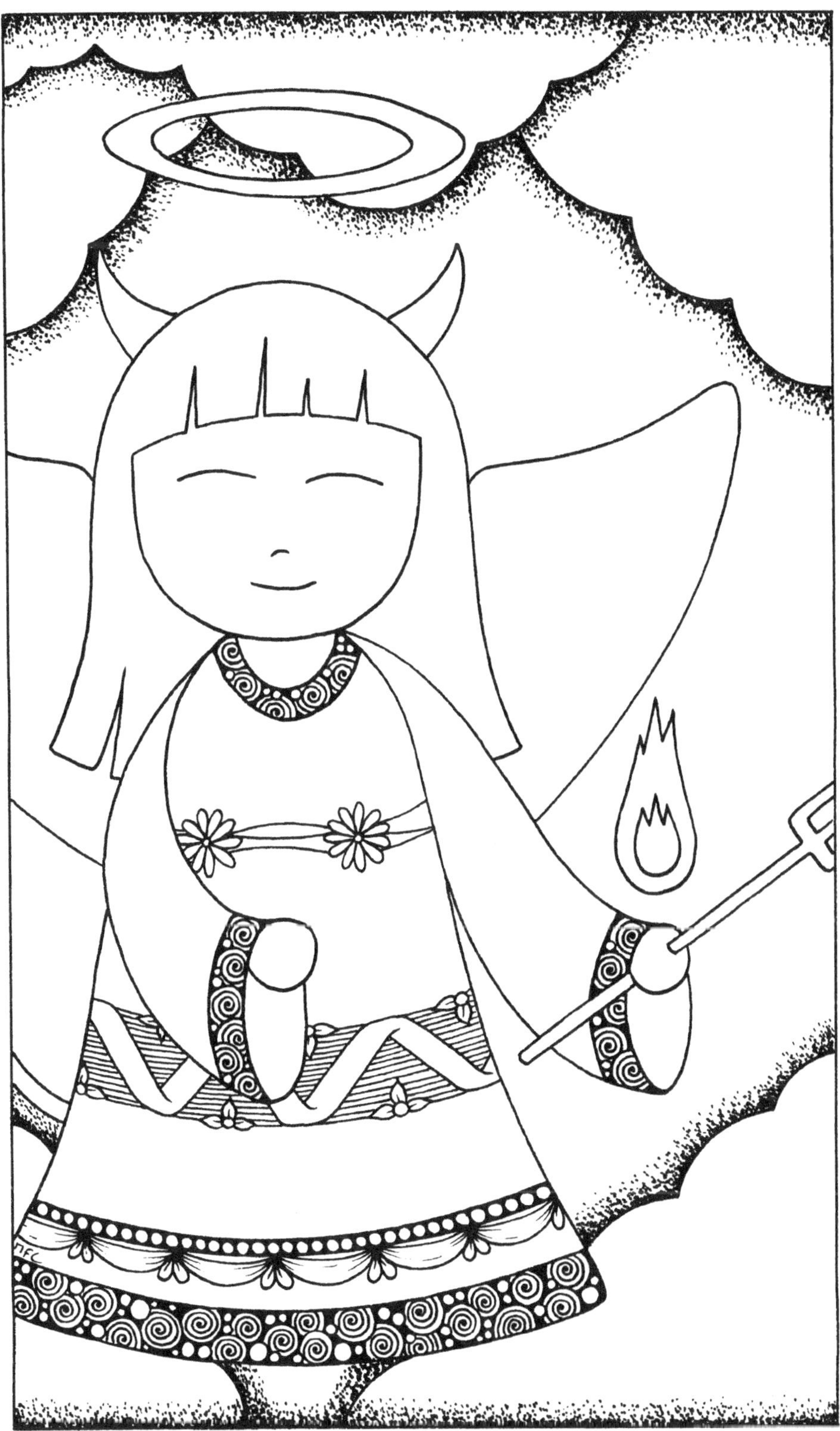

Maud FERAL CHAUVEAU - (MFC)

Color your Kimmidoll

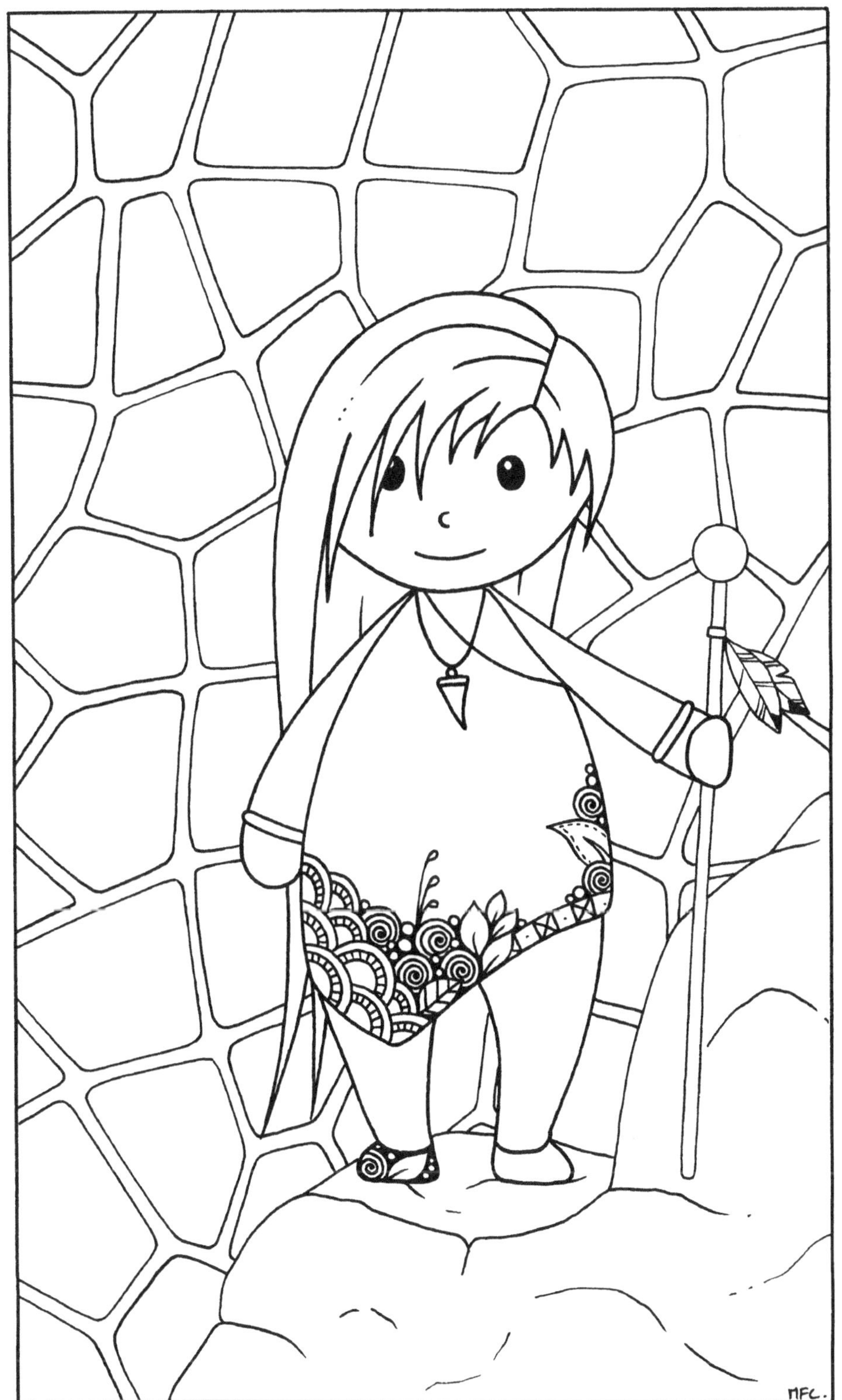

Maud FERAL CHAUVEAU - (MFC)

Color your Kimmidoll

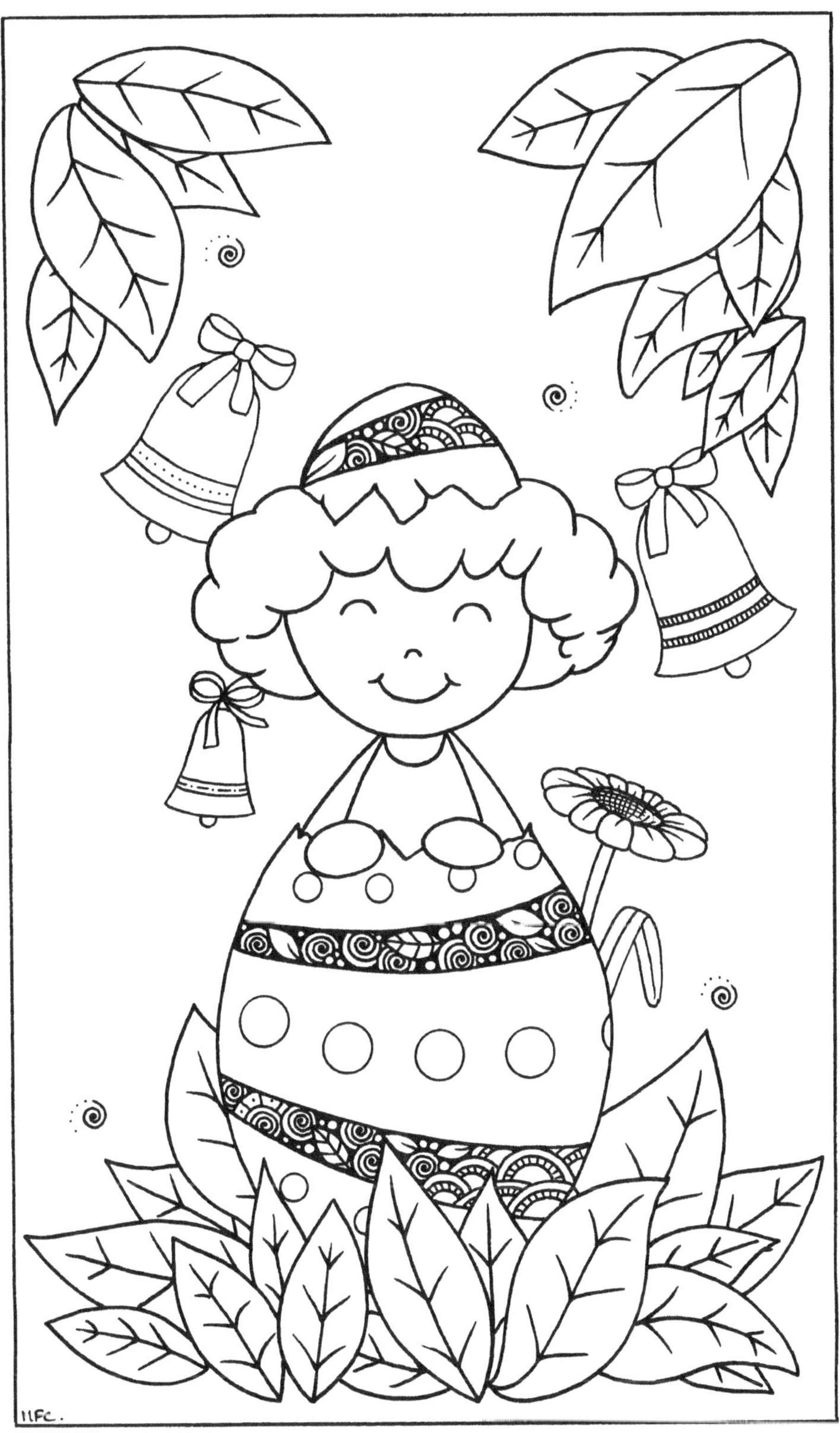

Maud FERAL CHAUVEAU - (MFC)

Color your Kimmidoll

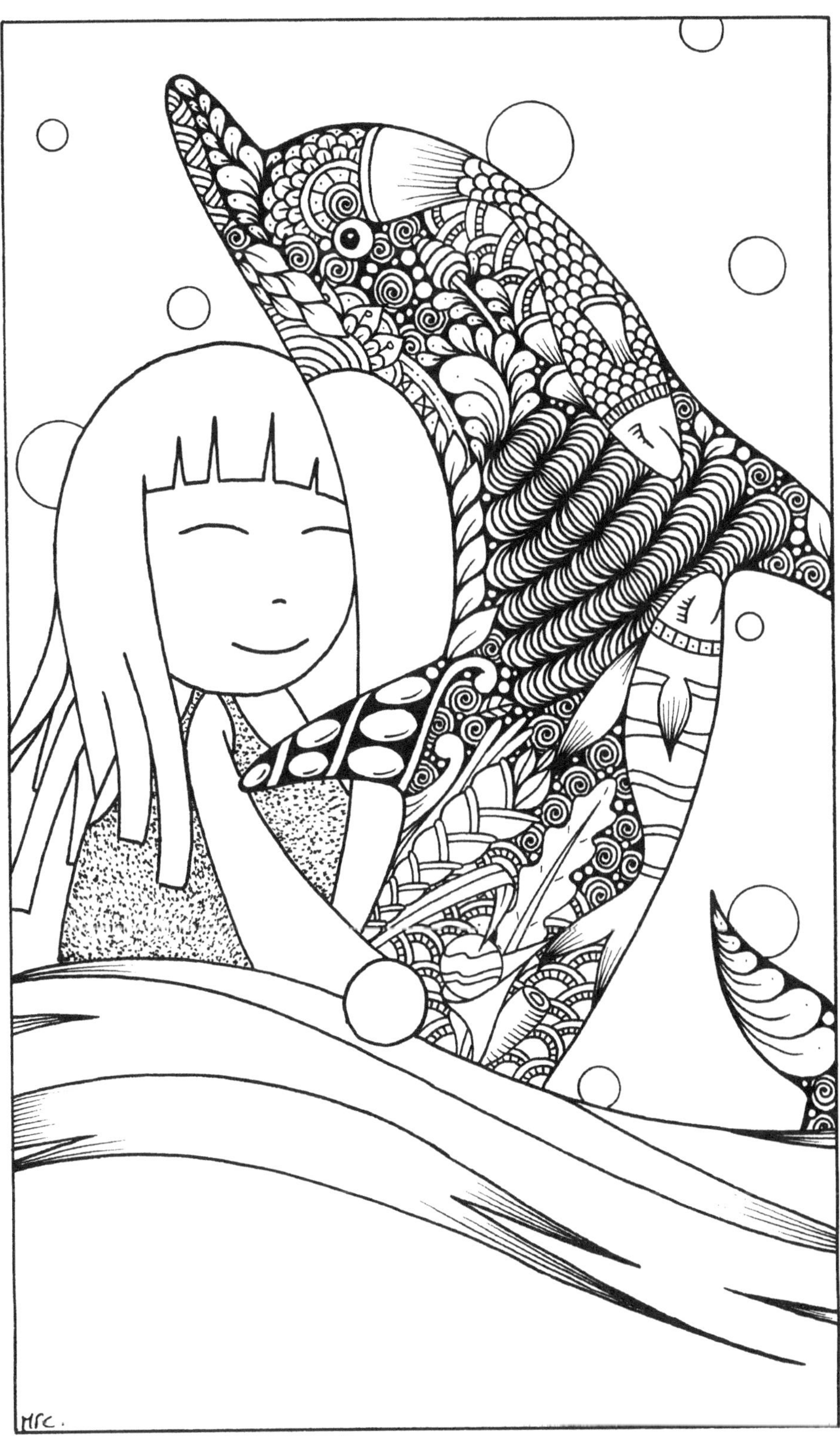

Maud FERAL CHAUVEAU - (MFC)

Color your Kimmidoll

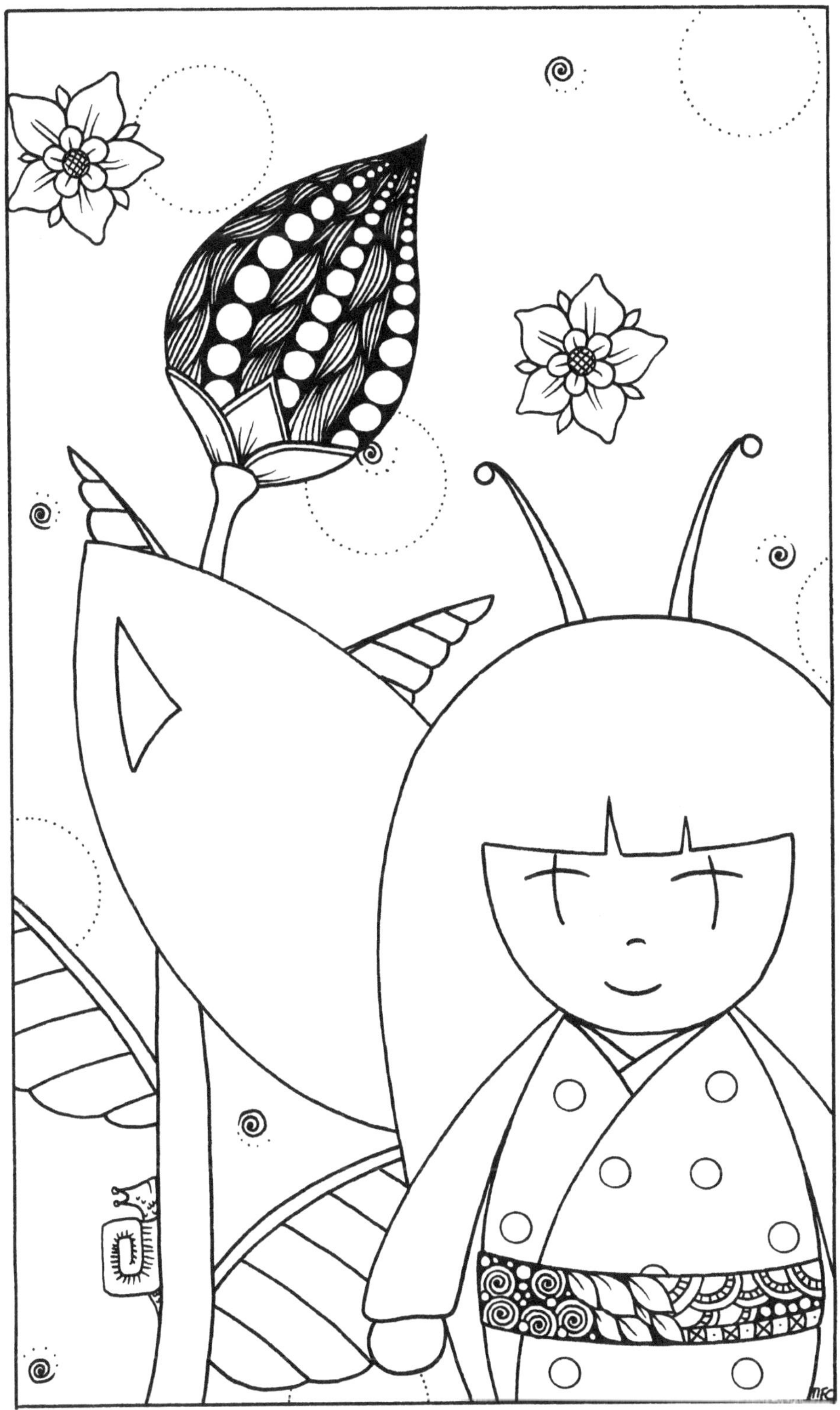

Maud FERAL CHAUVEAU - (MFC)

Color your Kimmidoll

Maud FERAL CHAUVEAU - (MFC)

Color your Kimmidoll

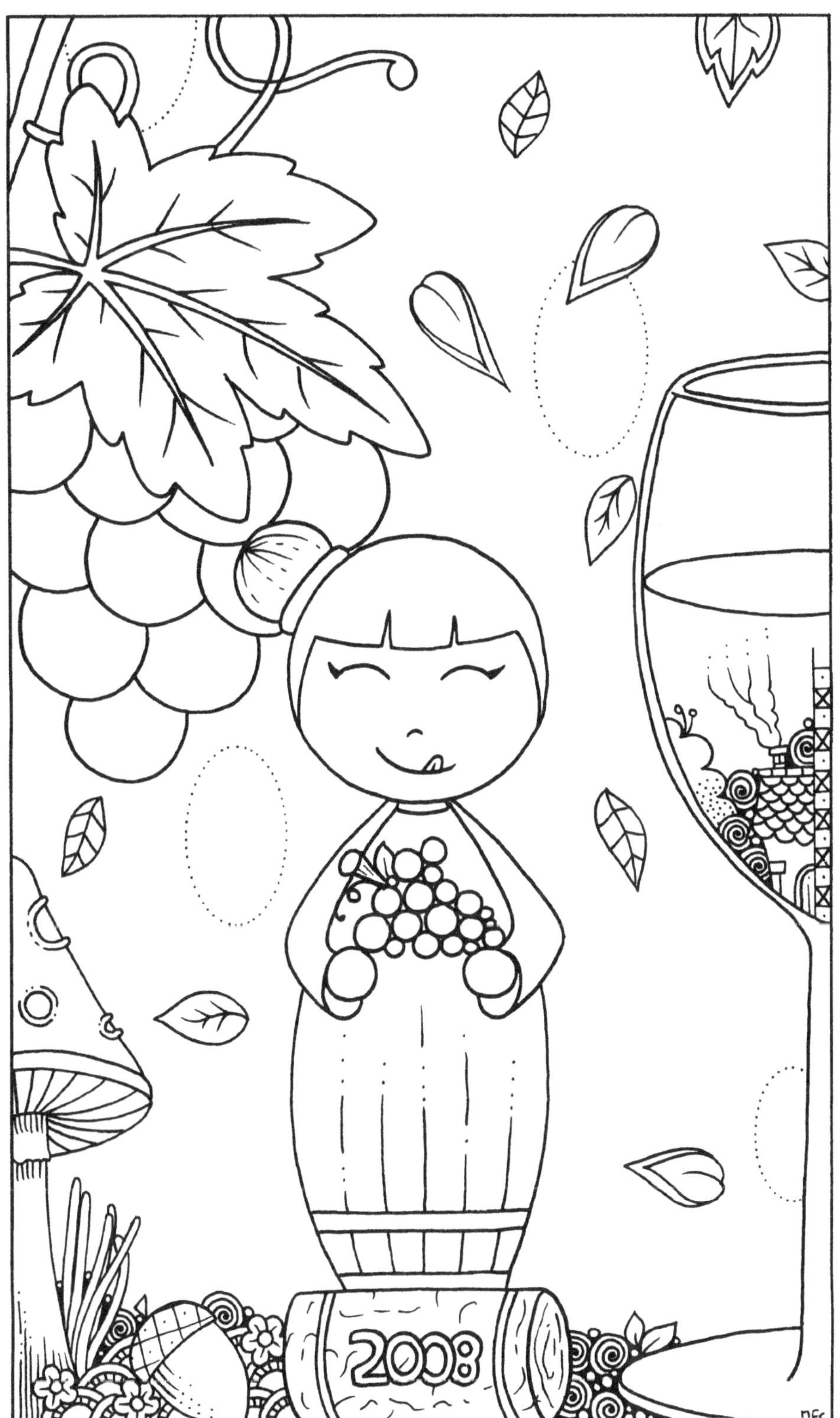

2008

Maud FERAL CHAUVEAU - (MFC)

Color your Kimmidoll

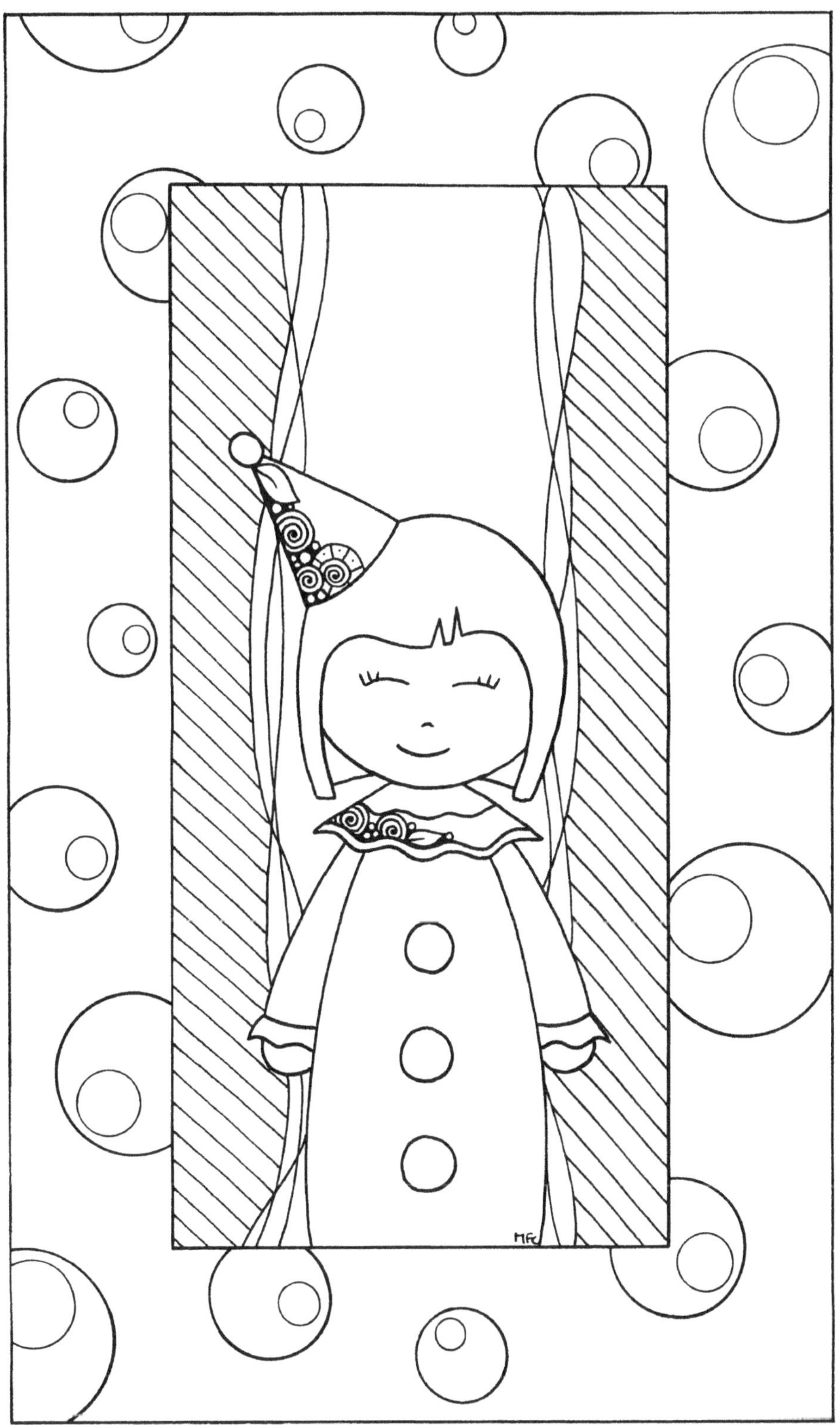

Maud FERAL CHAUVEAU - (MFC)

Color your Kimmidoll

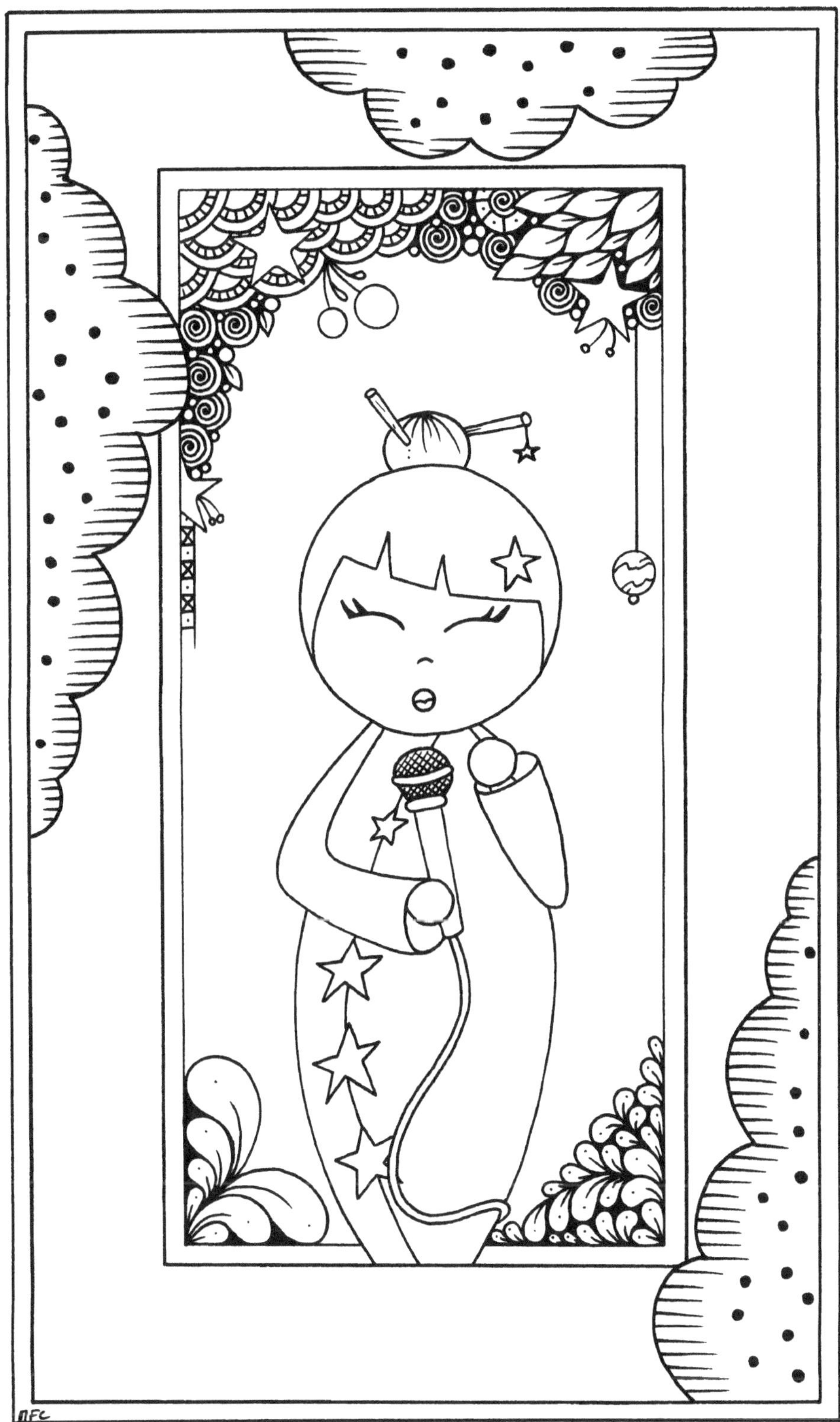

Maud FERAL CHAUVEAU - (MFC)

Color your Kimmidoll

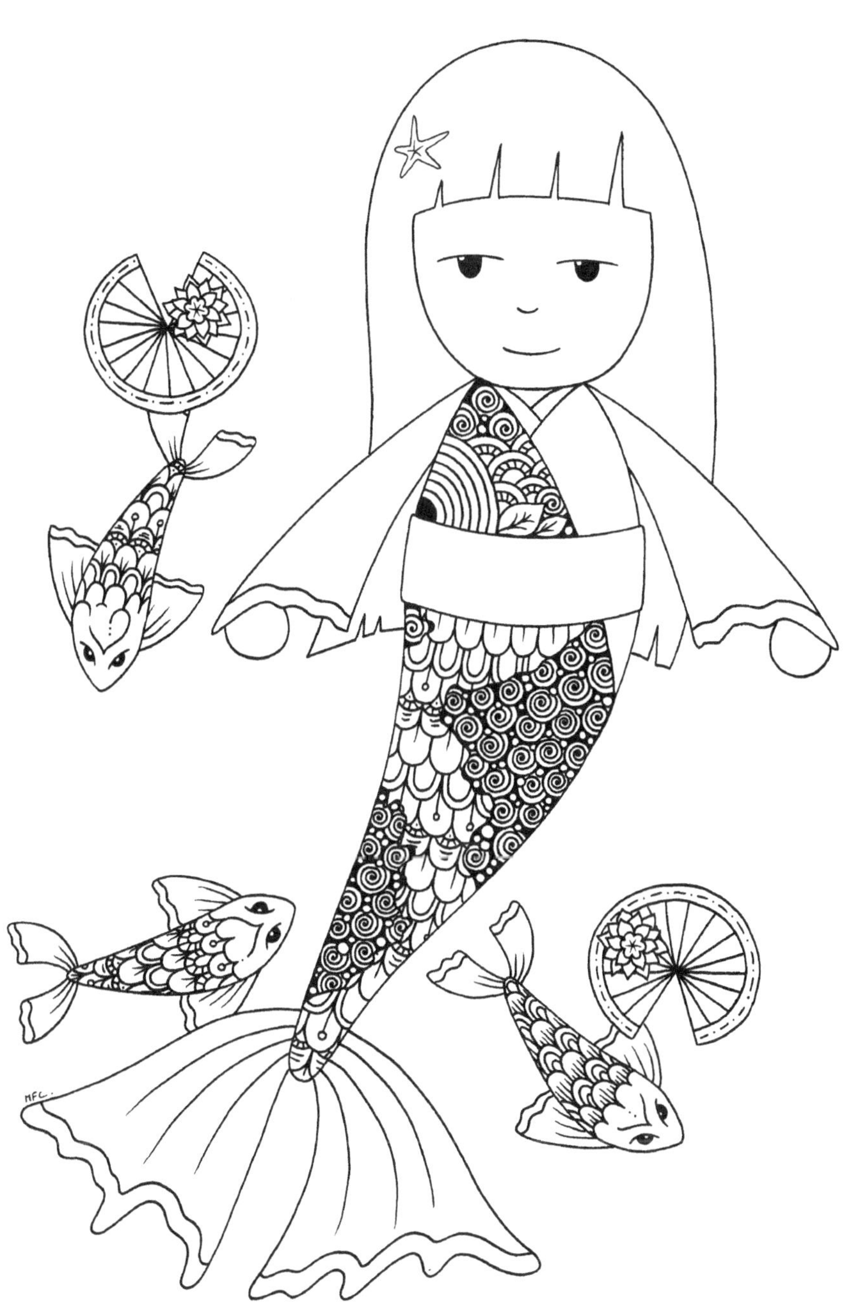

Maud FERAL CHAUVEAU - (MFC)

Color your Kimmidoll

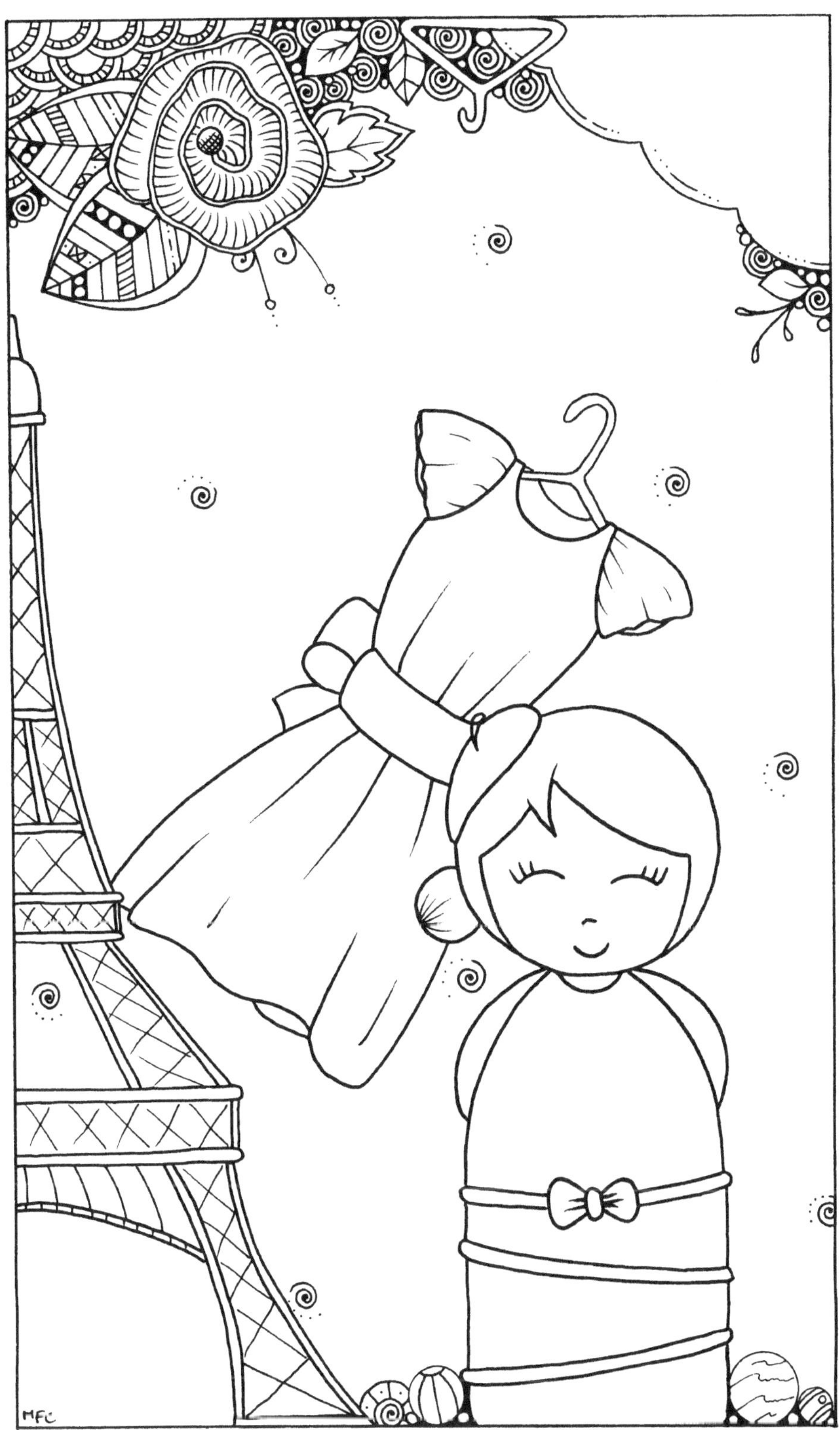

Maud FERAL CHAUVEAU - (MFC)

Color your Kimmidoll

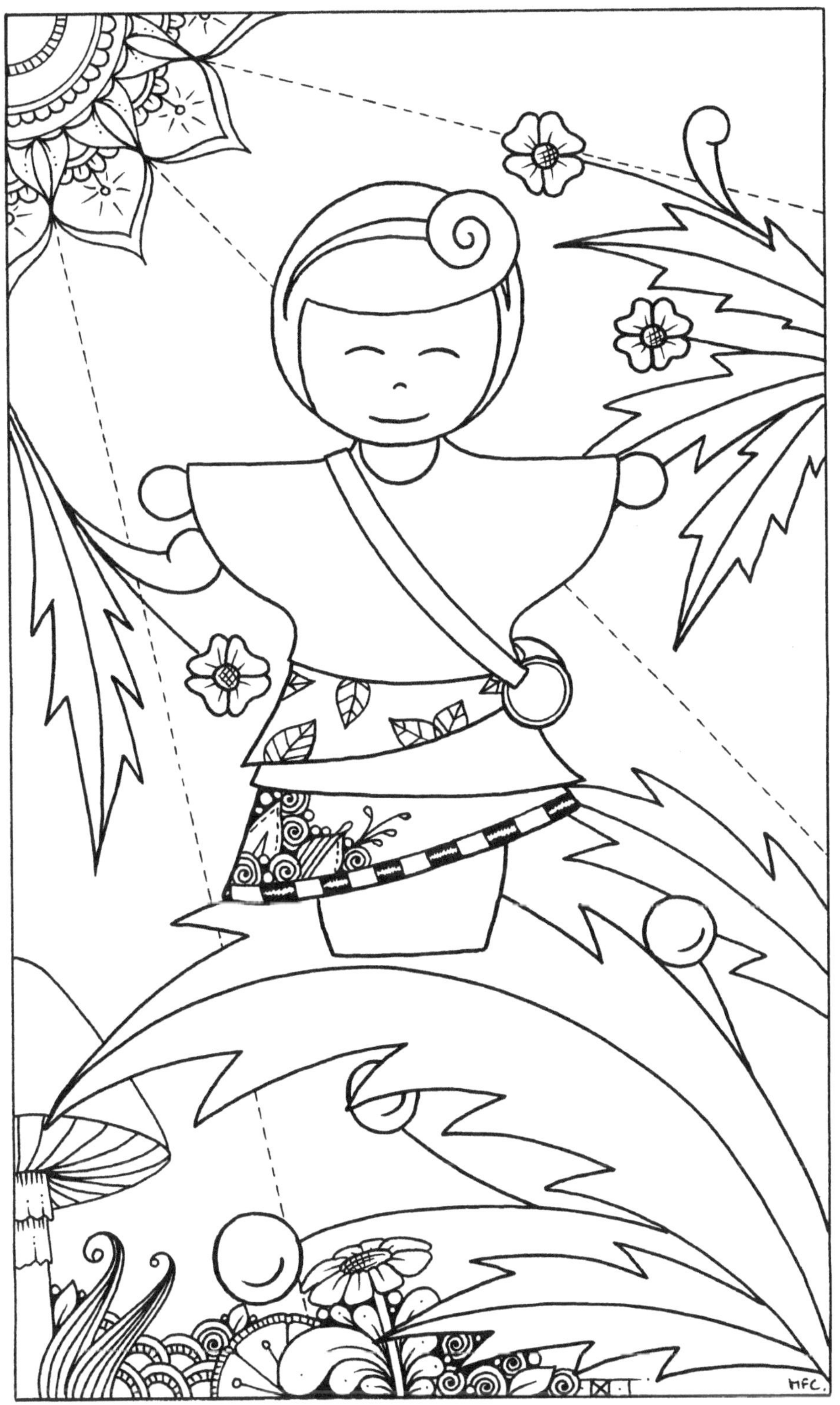

Maud FERAL CHAUVEAU - (MFC)

Color your Kimmidoll

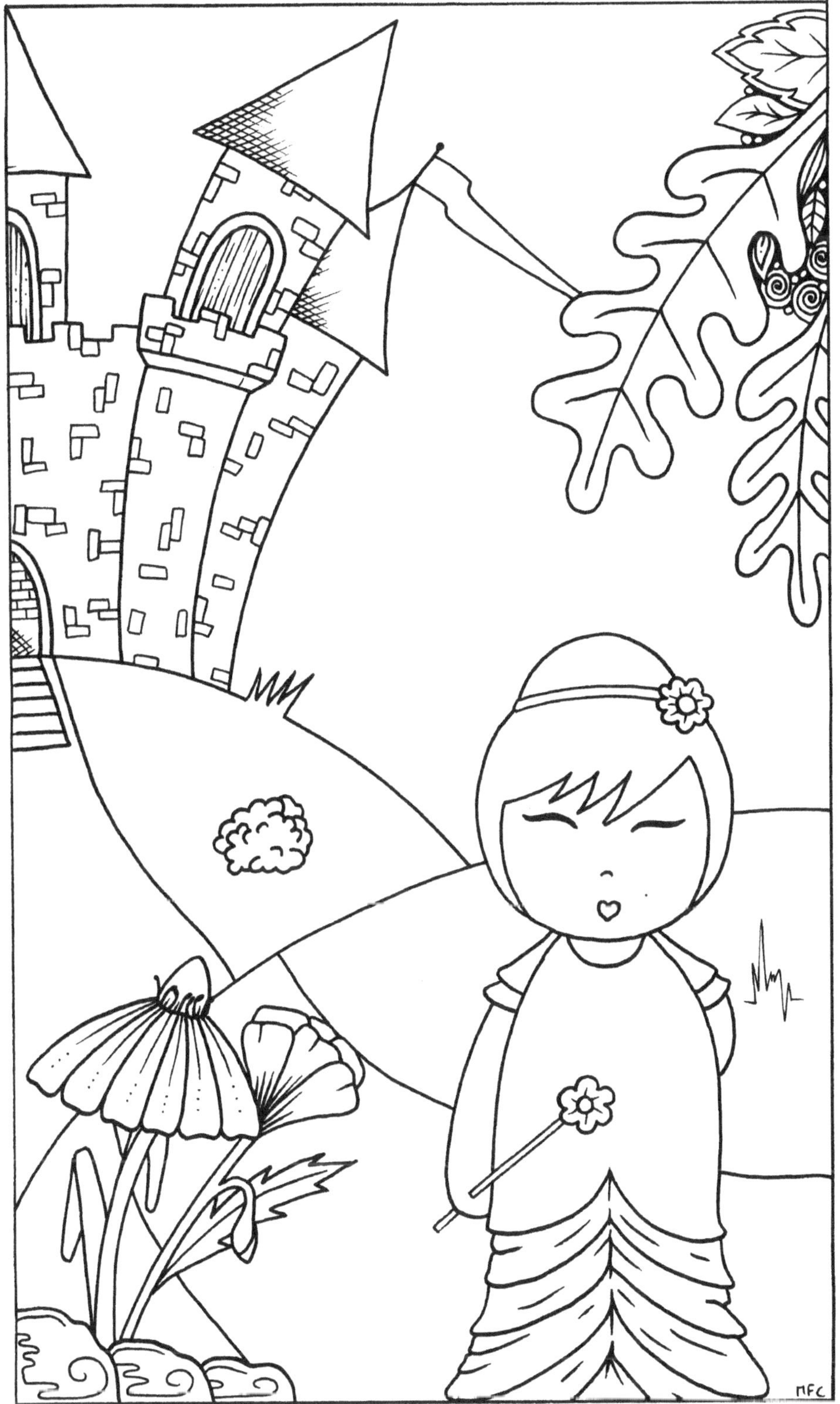

Maud FERAL CHAUVEAU - (MFC)

Color your Kimmidoll

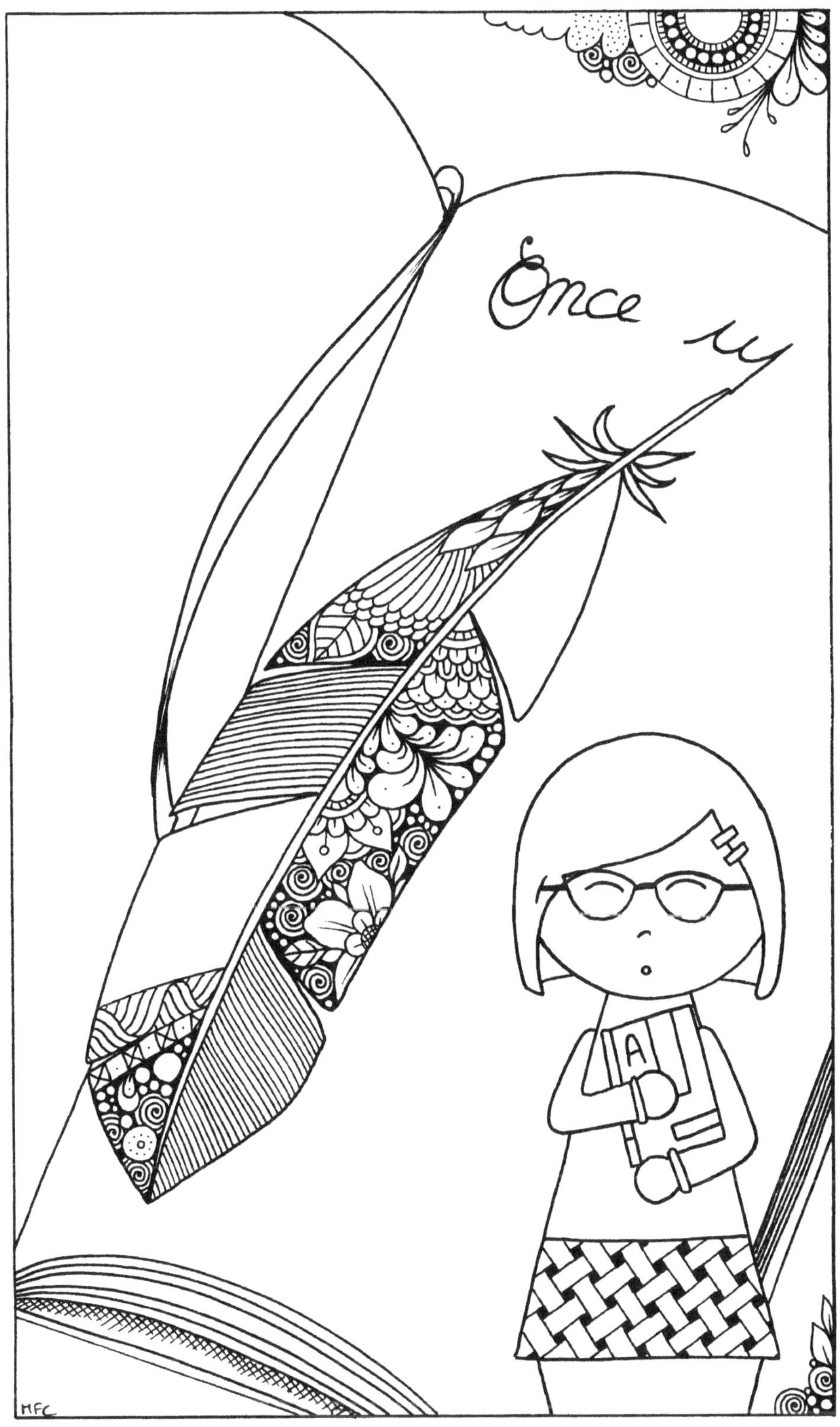
Once u...

Maud FERAL CHAUVEAU - (MFC)

Color your Kimmidoll

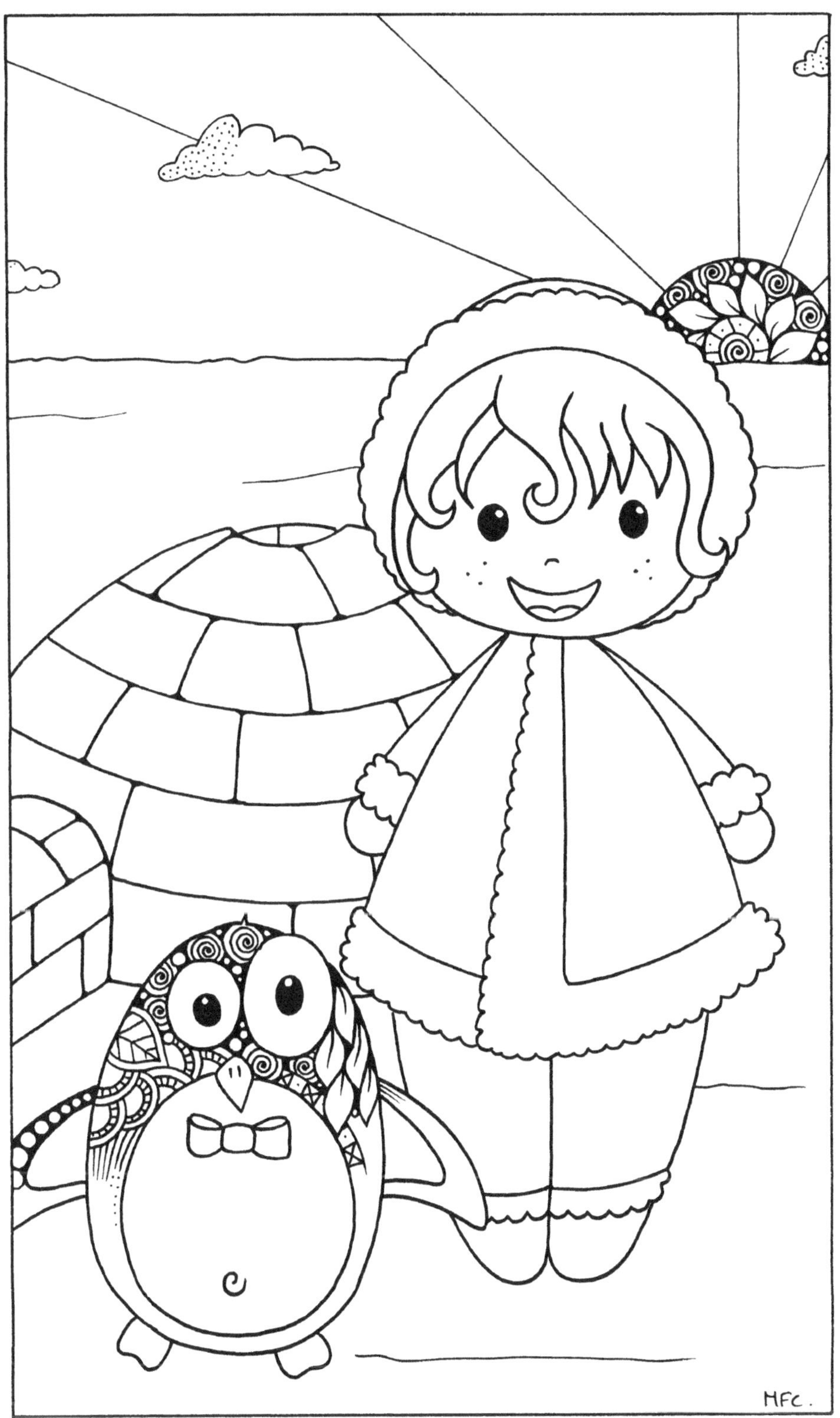

Maud FERAL CHAUVEAU - (MFC)

Color your Kimmidoll

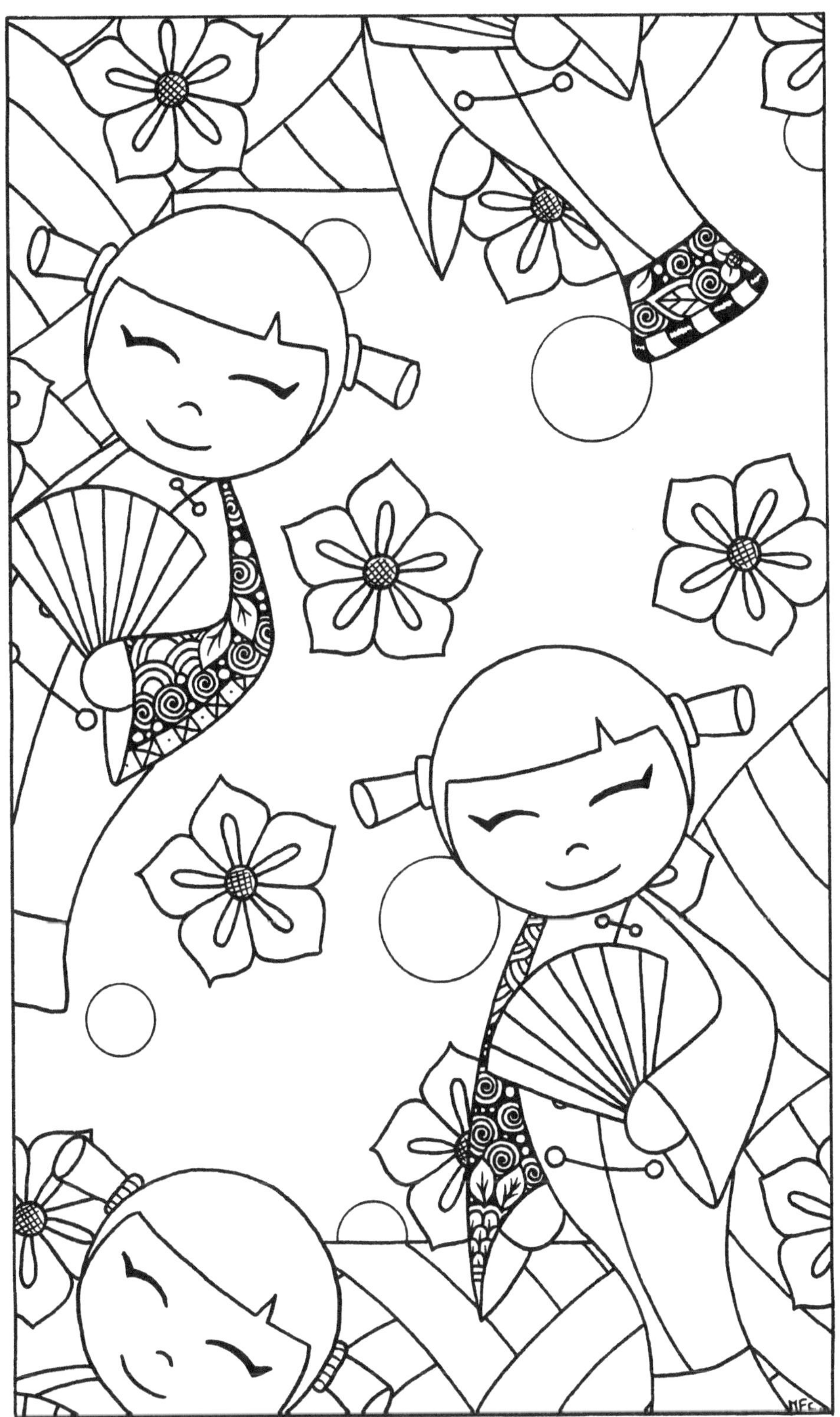

Maud FERAL CHAUVEAU - (MFC)

Color your Kimmidoll

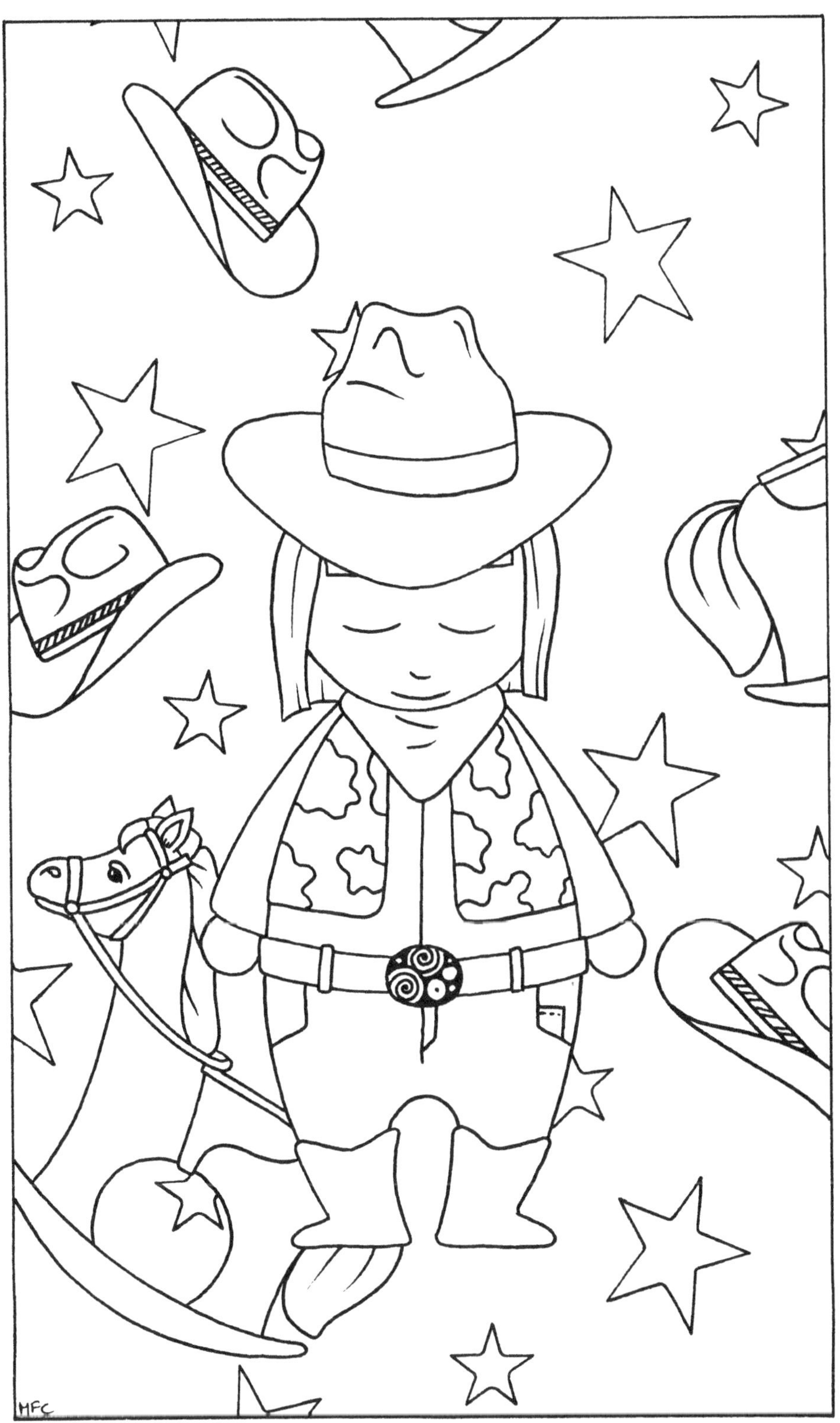

Maud FERAL CHAUVEAU - (MFC)

Color your Kimmidoll

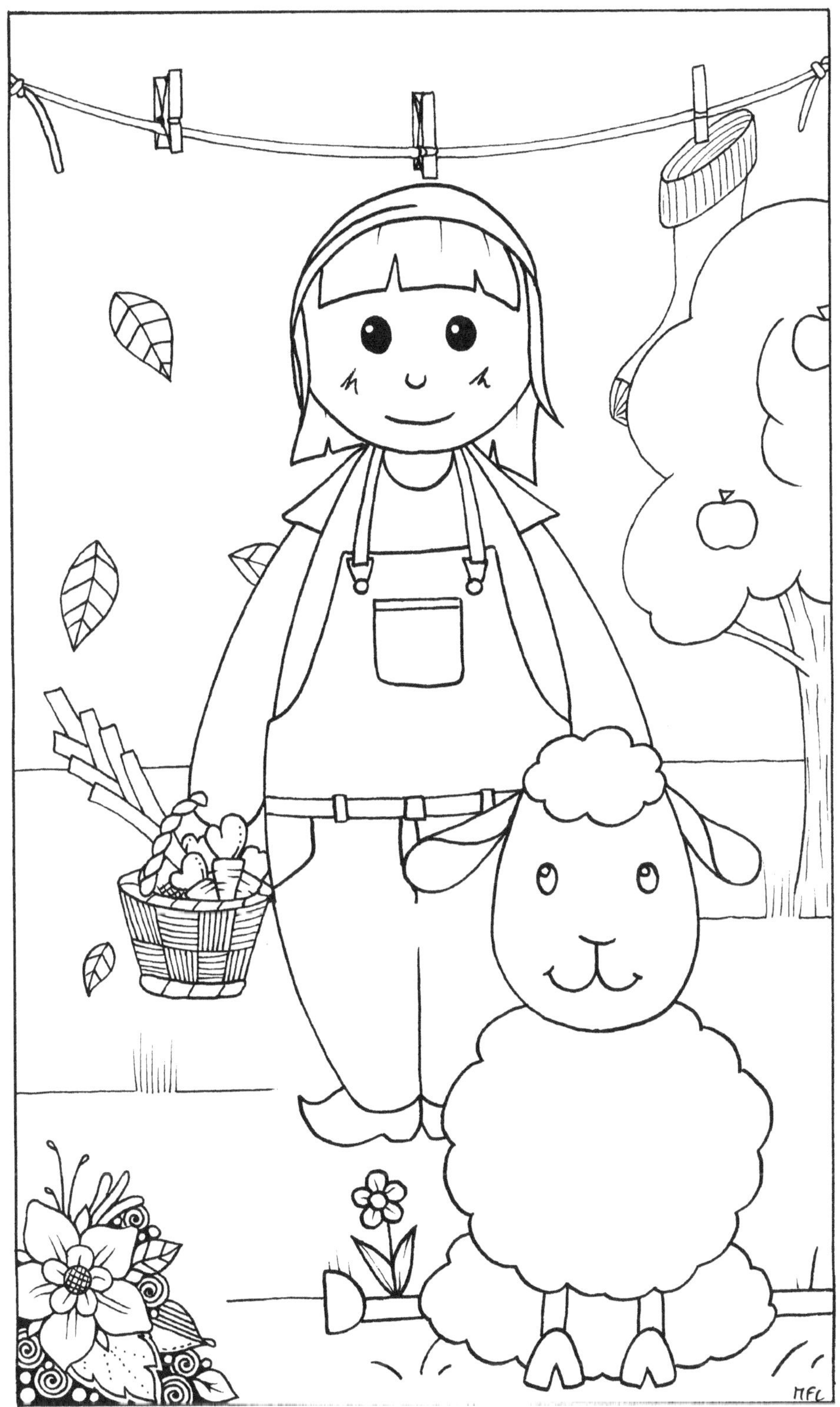

Maud FERAL CHAUVEAU - (MFC)

Color your Kimmidoll

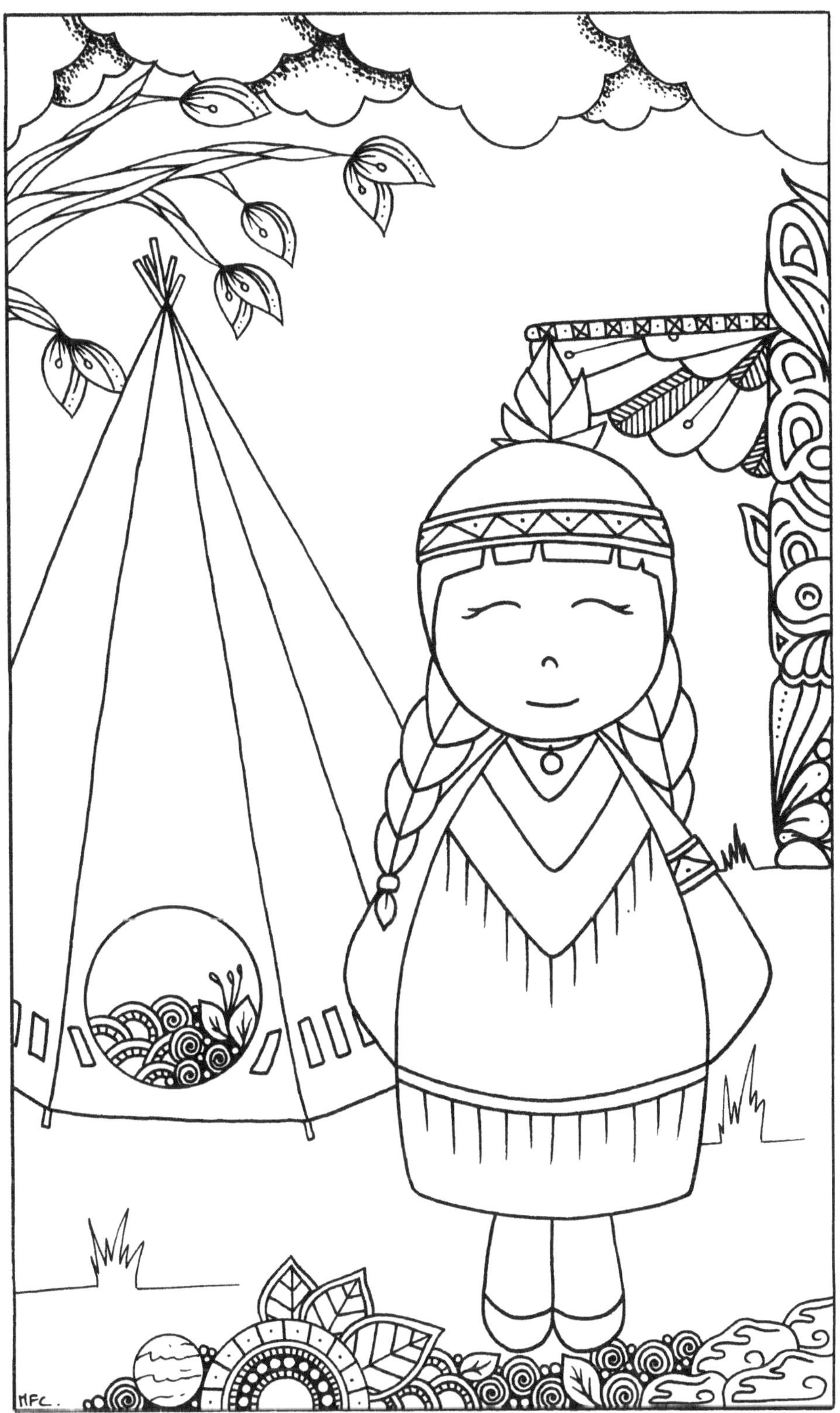

Maud FERAL CHAUVEAU - (MFC)

Color your Kimmidoll

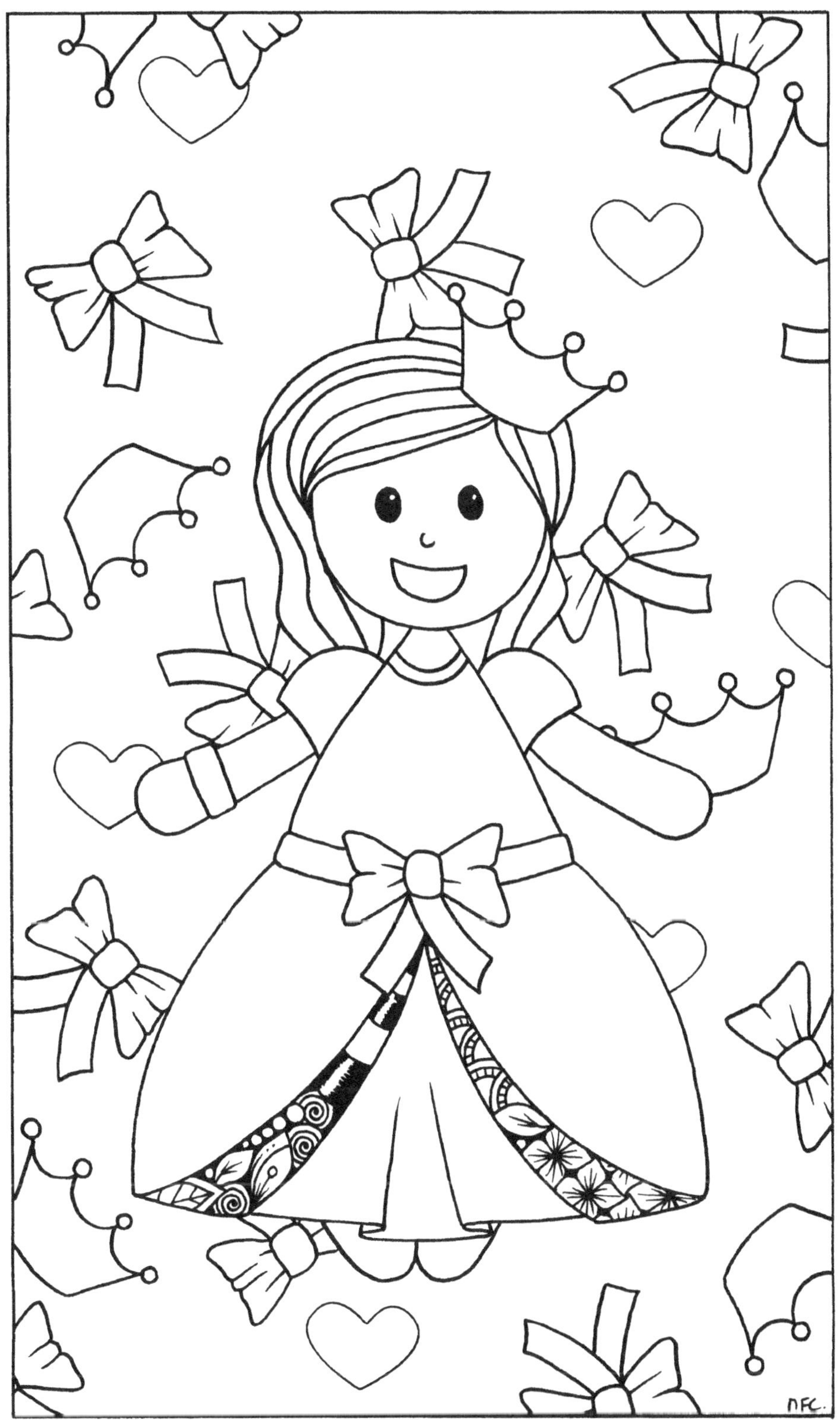

Maud FERAL CHAUVEAU - (MFC)

Color your Kimmidoll

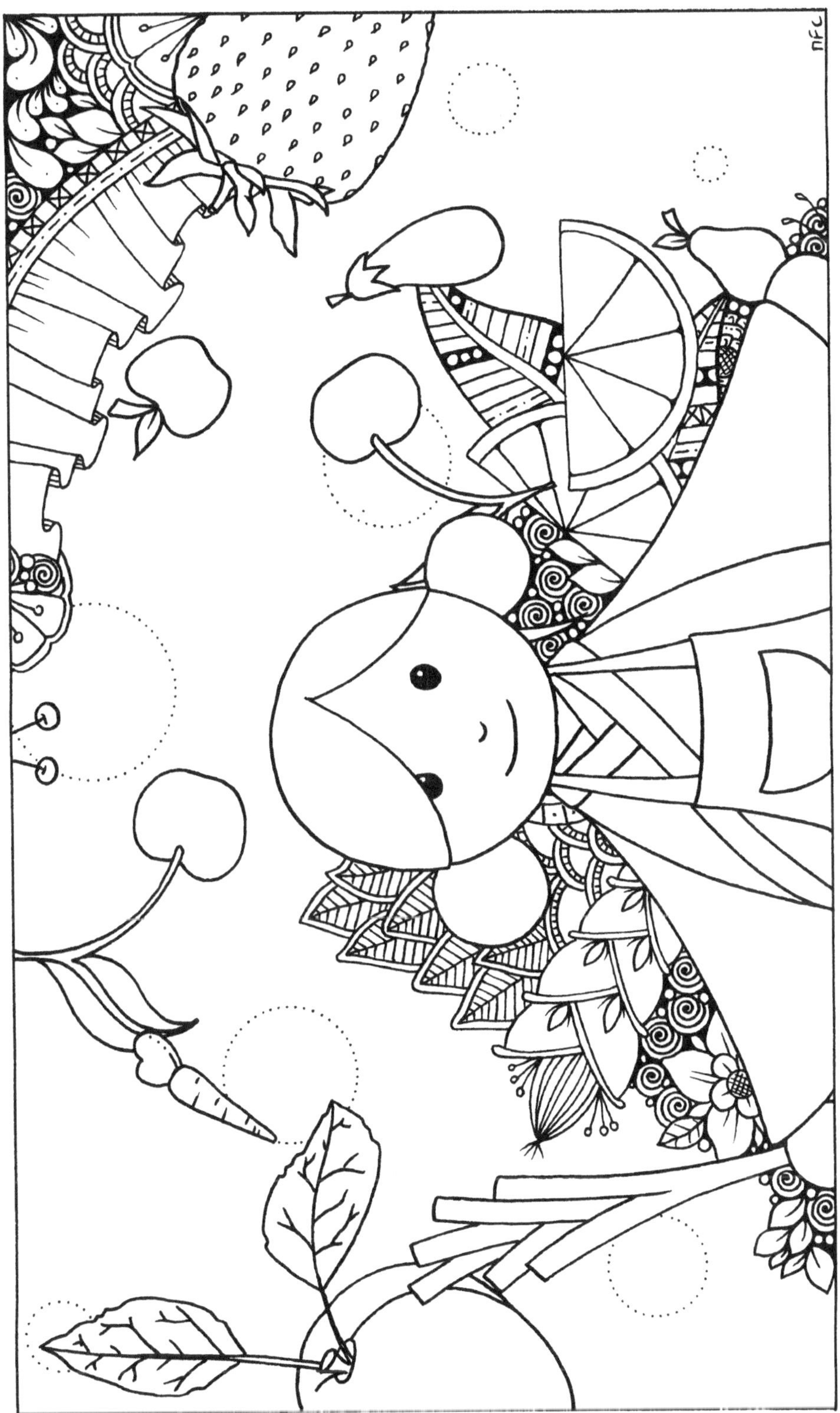

Maud FERAL CHAUVEAU - (MFC)

Color your Kimmidoll

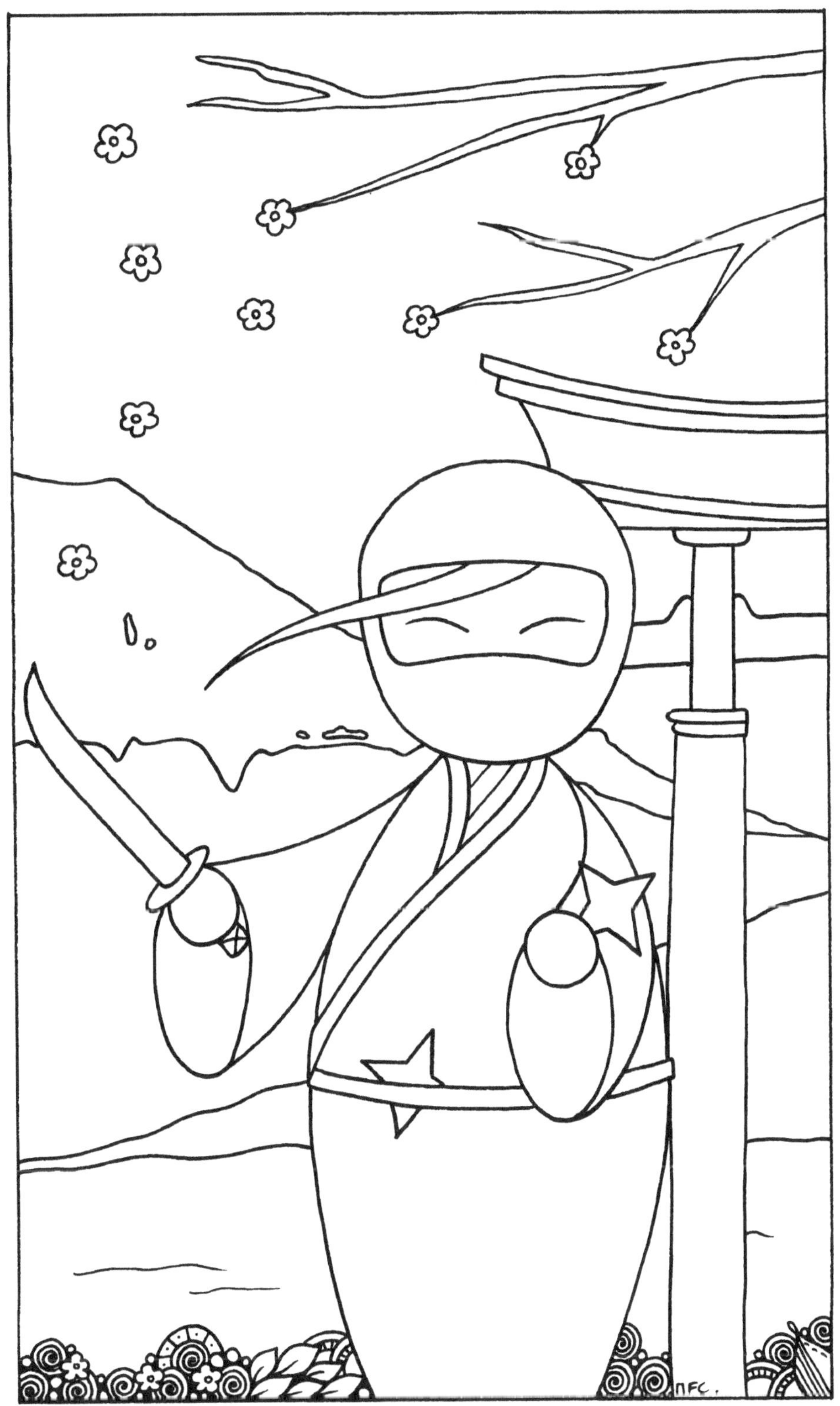

Maud FERAL CHAUVEAU - (MFC)

Color your Kimmidoll

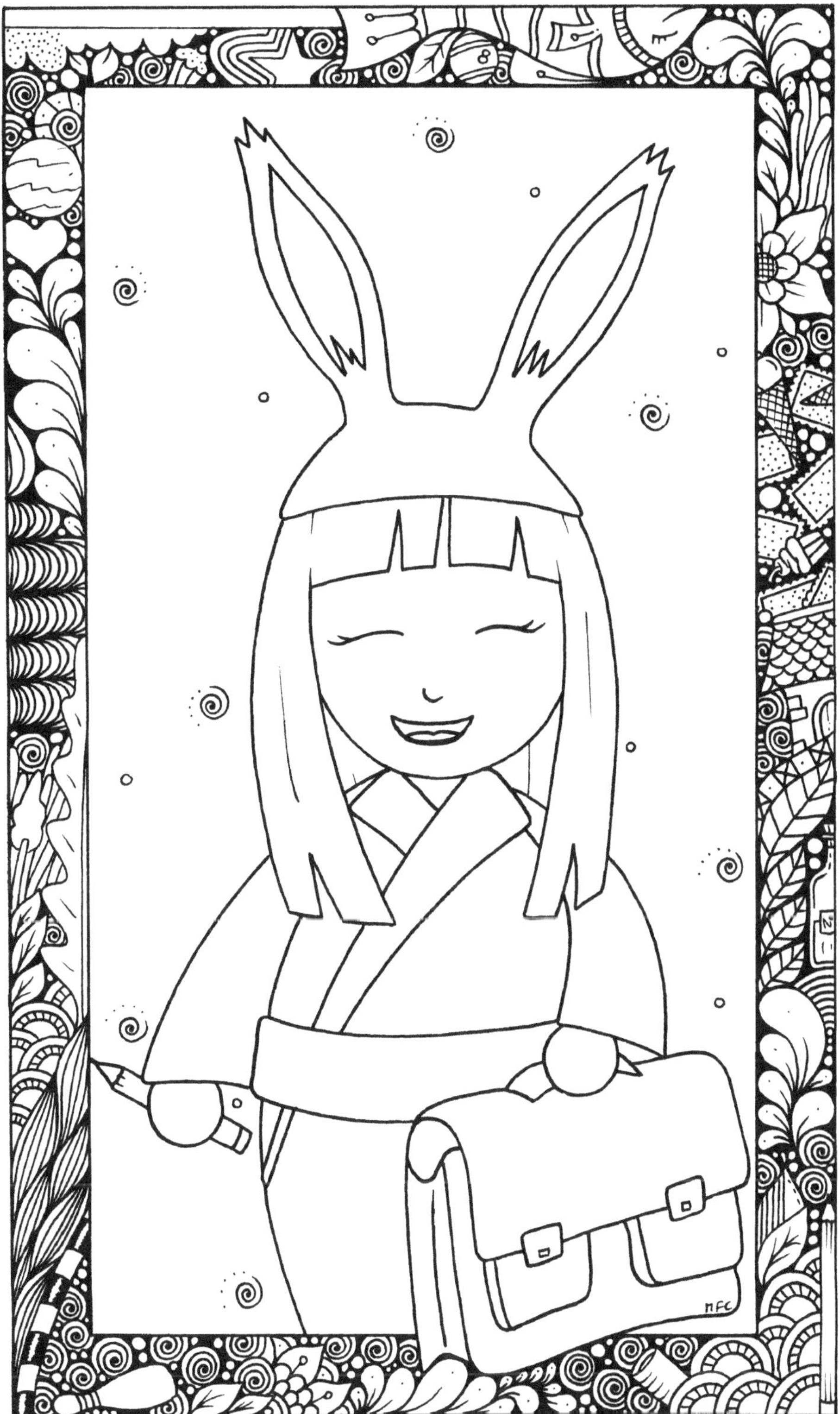

Maud FERAL CHAUVEAU - (MFC)

Color your Kimmidoll

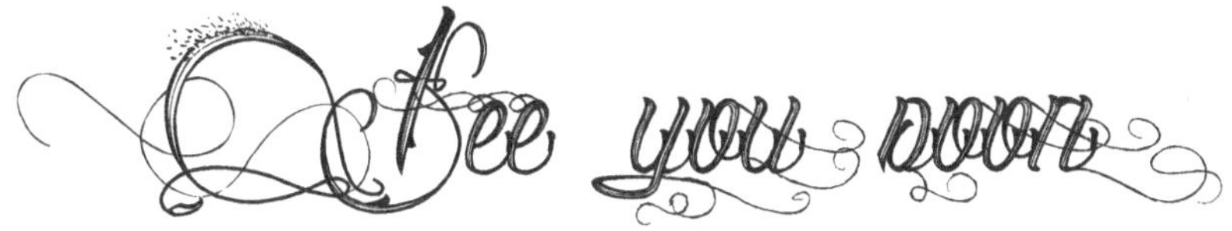
See you soon

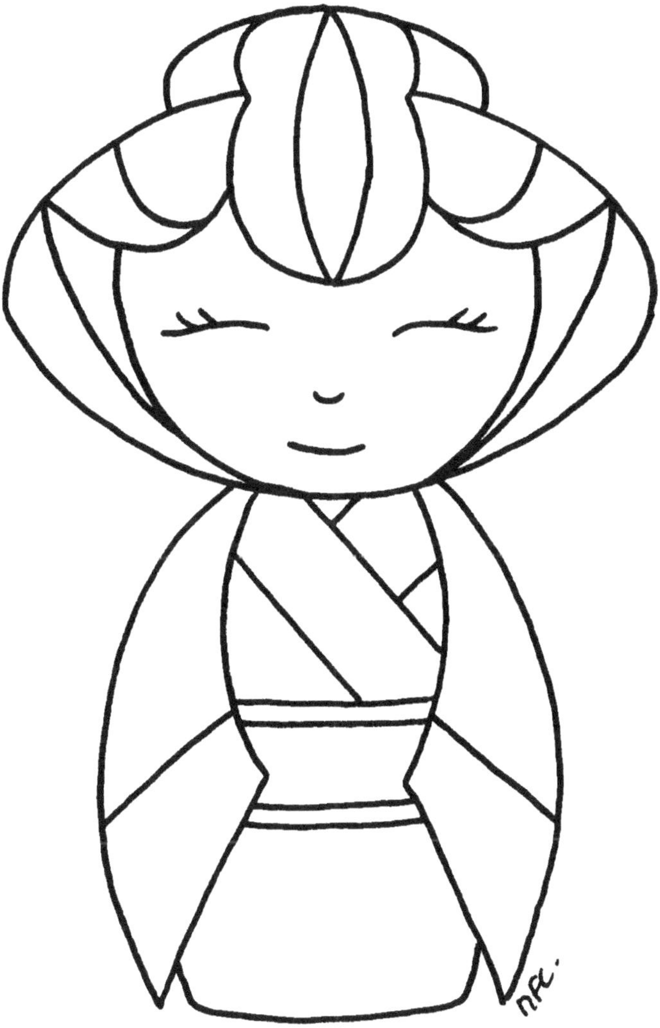

I dedicate this book to my daughter.
Thank you again to inspired me.

I will be really happy to see your colors and to share with you,
also join me on my Facebook page.
See you soon

https://www.facebook.com/Maud-Feral-Chauveau-MFC-illustrations

9791091517003